Catalogage avant publication de **Bibliothèque** et Archives nationales du Québec et Bibliothèque et Archives Canada

Bouchard, Camille, 1955-

L'après-monde

(Collection Zèbre)
Pour les jeunes de 10 à 14 ans.
Texte en français seulement.

ISBN 978-2-89579-382-3

I. Titre.

PS8553.O756A77 2011 jC843'.54 C2011-941174-1
PS9553.O756A77 2011

Dépôt légal – Bibliothèque et Archives nationales du Québec, 2011
Bibliothèque et Archives Canada, 2011

Direction de collection : Carole Tremblay
Révision : Sophie Sainte-Marie
Conception graphique, couverture et pages intérieures : Kuizin

Nous reconnaissons l'aide financière du gouvernement du Canada par l'entremise du Fonds du livre du Canada (FLC) pour des activités de développement de notre entreprise.

Conseil des Arts du Canada Canada Council for the Arts

Bayard Canada Livres inc. remercie le Conseil des Arts du Canada du soutien accordé à son programme d'édition dans le cadre du Programme des subventions globales aux éditeurs.

Cet ouvrage a été publié avec le soutien de la SODEC. Gouvernement du Québec – Programme de crédit d'impôt pour l'édition de livres – Gestion SODEC.

Bayard Canada Livres
4475, rue Frontenac, Montréal (Québec) H2H 2S2
Téléphone : 514 844-2111 – 1 866 844-2111
edition@bayardcanada.com
bayardlivres.ca

Imprimé au Canada

Offert en version numérique
numérique
978-2-89579-875-0
www.bayardlivres.ca

L'APRÈS-MONDE
Camille Bouchard

À Carl Beaudoin et Nathalie Tremblay qui m'ont si bien accueilli et m'ont permis d'écrire cette histoire au bord du fleuve

À Fanick et Taël

L'APRÈS-MONDE

Camille Bouchard

COLLECTION ZÈBRE

Monsieur Jacques Tremblay
Directeur
Polyvalente de Grande-Baie

Monsieur,

Olivier Oran, Nathan Nepveu et Florence Facchini comptent parmi les élèves les plus doués pour les sciences auxquels j'ai eu le plaisir d'enseigner au cours de ma longue carrière. Avec mon humble collaboration, ils ont fondé le premier club de sciences de notre école. Le carnet *Capsules Sciences*, dans lequel ils colligent leurs recherches et leurs expériences, est un bel exemple de curiosité scientifique et de travail d'équipe. C'est donc avec enthousiasme que je vous recommande leur candidature pour le prix annuel de Mérite scolaire.

Maria Mabrouk
Professeure de sciences et technologie

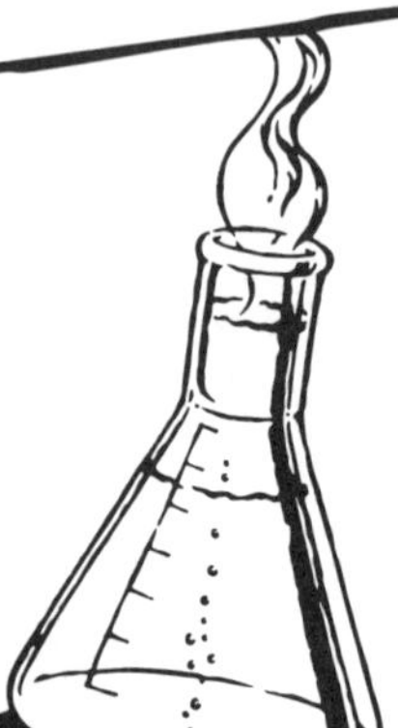

Lorsque tu vois cette icône, cela signifie que le sujet est traité dans le carnet *Capsules Sciences* à la fin du livre.
Très utile pour confectionner une fusée ou reconnaître un loup-garou.

CHAPITRE 1
L'EXPÉRIENCE

Mon ami Nathan rêve de devenir chimiste. Il adore les expériences où il doit mélanger différents produits. Même quand ça pue.

Je dirais plutôt : surtout quand ça pue.

Et moi, je m'appelle Olivier. Comme les arbres qui donnent les olives.

Cependant, je n'aime pas les olives.

Nathan et moi, nous allons à la même polyvalente. Avec Florence, notre meilleure amie. Nous sommes les membres les plus actifs du club de sciences de l'école. Enfin, je devrais dire, nous sommes LES membres tout court du club de sciences. Ça n'intéresse personne d'autre que nous trois, semble-t-il.

Moi, j'aime bien les insectes, les plantes, les minéraux et tout ça.

Surtout, j'aime être avec mes amis.

D'autant plus qu'il me plairait que Florence soit un peu plus qu'une amie. Mais je n'ose pas le lui avouer. J'aurais l'air trop fou si elle refusait. Alors, je me contente d'apprécier les moments où elle se trouve près de moi.

Et ce soir, justement, elle est avec moi. Avec nous. Nathan est là également puisque nous sommes au sous-sol chez ses parents. Nous occupons la partie de la maison que son père lui a permis de transformer en véritable laboratoire. Il n'y a qu'une seule fenêtre. Elle donne sur le jardin. Par cette ouverture étroite, j'aperçois un mince croissant de lune briller dans un ciel violet, trônant au-dessus d'un banc de neige à demi fondu. Le printemps s'annonce.

Le soir est tiède et agréable. Je regrette d'avoir laissé Nathan décider que nous devions faire une expérience dans son laboratoire avant notre activité prévue au programme : observer une comète avec le télescope de Florence.

— Testons la réaction de ces deux produits lorsqu'on les mélange.

CLUB p.116

Il tient dans ses mains deux béchers remplis de liquide. L'un est vert ; l'autre, rouge orangé. Florence et moi, nous échangeons un regard inquiet. Les **<u>expériences</u>** de Nathan sont rarement réussies.

— Je préférerais qu'on aille observer la comète tout de suite, propose Florence. Je n'ai pas très envie de participer à tes expérimentations. Elles ont trop souvent des effets déplaisants.

Celle-ci ne se gêne jamais pour dire ce qu'elle pense. Surtout à Nathan. Moi, je n'ose pas affirmer que je suis en désaccord. J'ai toujours peur de faire de la peine aux gens. J'ai toujours peur qu'on cesse de m'aimer.

Nathan affiche une expression faussement vexée devant Florence.

— Comment ça, « des effets déplaisants » ? Tu as peur, voilà tout !

— Évidemment que j'ai peur, réplique Florence, les mains sur les hanches. La dernière fois, tu as mis le feu aux rideaux.

J'enchaîne, mais sans paraître fâché :

— Et la fois d'avant, tu as empoisonné par accident deux cochons d'Inde.

— Ils étaient déjà malades, se défend Nathan.

— Eh bien, moi, je ne suis pas malade, rétorque Florence. Je ne veux pas subir le même sort. Enfin, dépêche-toi pour qu'on aille observer la comète.

— Il n'y a aucun danger, lance Nathan en rapprochant les deux béchers. Je vais mélanger ces produits qui…

— Ça, par exemple!

CHAPITRE 2
L'ÉTRANGE LUMIÈRE

C'est moi qui viens de crier. Par la fenêtre, j'observais le ciel pour vérifier s'il était toujours dégagé. Je voulais être sûr qu'on apercevrait bien la comète. J'y ai alors vu une étrange lumière.

— Qu'est-ce qu'il y a? demande Florence.

— Il y a... il y a... Regardez! Encore là! Voyez ce... cette lueur! Ce n'est ni notre comète ni un météore. Je n'ai jamais vu ça.

Derrière la vitre un peu sale, au sommet du banc de neige, je distingue parfaitement une sorte de nuage phosphorescent qui masque le croissant de lune.

— Est-ce que tu essaies de m'empêcher de faire mon expérience? lance Nathan sans lever le nez des deux béchers.

Il s'apprête à mélanger les liquides dans un bac posé sur une table en bois.

Je m'exclame :

— Mais pas du tout! Viens ici et tu pourras apercevoir comme moi ce... ce cumulus bizarre... qui brille...

Si Nathan ne prête aucune attention à ce que je dis, Florence, elle, piquée par la curiosité, s'approche de moi. Je sens le parfum de ses cheveux quand elle se penche près de mon épaule. Elle cherche à mieux apercevoir la mince portion de ciel que nous distinguons à travers la petite fenêtre. Je lui demande :

— Est-ce que tu vois cette lumière ? Enfin, ce nuage ?

— Bien sûr ! En plus, il se déplace drôlement vite dans le ciel.

— Vous ne m'aurez pas si facilement, se moque Nathan.

Et il verse les deux béchers dans le bac. Les liquides se mélangent en formant une nappe d'un brun un peu dégoûtant.

On aurait pu s'attendre à une explosion, à un bouillonnement, à n'importe quel autre désastre auxquels les expériences de Nathan nous ont habitués… Toutefois, il ne se passe rien.

— Ah ben ! se désole notre ami, le regard toujours vers ses béchers. On dirait que c'est raté.

— Viens voir, espèce de cruche, lui ordonne Florence. Oublie tes expériences idiotes et dis-nous ce que tu penses de ce nuage lumineux.

Nathan se résout enfin à abandonner ses récipients pour nous rejoindre. Son front se plisse dans une expression intriguée quand il aperçoit ce que Florence et moi observons depuis un moment.

— Eh bien, murmure-t-il. Je n'ai jamais vu ça.

— Allons dehors! propose Florence.

Nous nous détournons de la fenêtre pour nous précipiter dans l'escalier. Au moment où je m'apprête à courir, je remarque le bac dans lequel Nathan a versé ses deux liquides.

— Oh! saperloche!

Une épaisse fumée jaunâtre se dégage du produit dans le bac. Elle forme de gros rouleaux paresseux qui s'échappent de la table comme si un liquide s'écoulait au ralenti.

— Nathan ! Qu’est-ce que tu as encore fait ? s’inquiète Florence.

Je vois le visage de Nathan devenir blême. Il se précipite vers le meuble, mais la fumée a déjà envahi tout le sous-sol. Nous la respirons à pleins poumons. L’odeur est âcre, épouvantable.

Au moment où je vais crier à Nathan de laisser tomber, de courir jusqu’à l’escalier afin que nous sortions, je vois Florence s’écrouler. Elle s’effondre contre de vieilles boîtes de carton vides.

Je me précipite vers elle afin de la relever. Je veux l’entraîner dehors avec moi. Je n’en ai pas le temps.

CLUB p.118

J’ai trop respiré de **gaz**, moi aussi. Je vois tourner les murs et danser la fenêtre qui est devenue éclatante de lumière.

Je m’écroule à mon tour.

CHAPITRE 3
LE RÉVEIL

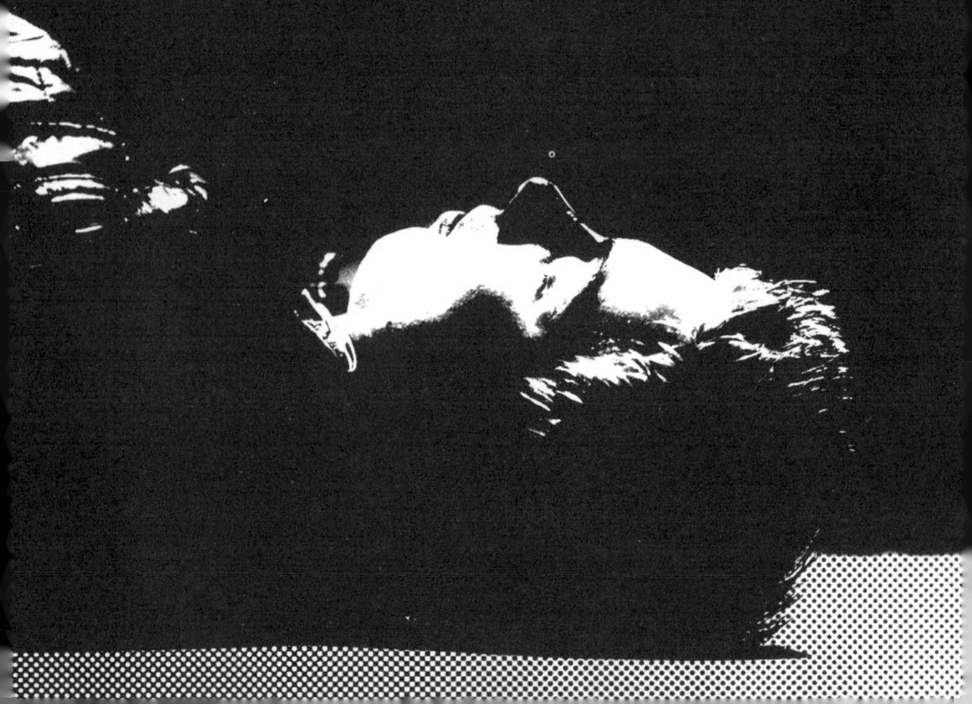

Lorsque je me réveille, la première chose que j'aperçois est la lumière vive du soleil qui entre par la fenêtre du sous-sol.
— Saperloche! dis-je à mi-voix.

J'ai été inconscient toute la nuit.

J'ai incroyablement soif. Mes lèvres sont desséchées.

À quelques pas, dos contre une patte de la table, je vois Nathan qui se tient la tête à deux mains. Lui aussi est en train de se réveiller.
— Olivier?

Florence! Je ne l'avais pas encore aperçue. Elle est juste à côté de moi, pourtant. Elle se relève à quatre pattes, ses longs cheveux bruns flottant devant ses yeux. Elle a le teint cireux, les paupières lourdes, les lèvres blanches...
— Olivier, est-ce que tu vas bien?

Je ressens une certaine joie à penser qu'elle s'informe de moi.

— J'ai un peu mal au cœur, mais je vais bien. Et toi ?
— Je vais bien aussi, répond-elle. Et toi, Nathan ?

Nathan nous regarde d'un air un peu absent. Il semble tout à fait abasourdi.
— J'ai soif, répond-il. Oh ! que j'ai soif !
— Moi aussi.
— Moi aussi.

Nathan regarde autour de lui comme s'il était surpris de trouver toutes ces toiles d'araignées et toute cette poussière. Moi, ce sont plutôt les joues creuses de Florence qui m'inquiètent. Et son t-shirt me semble tellement défraîchi ! Je remarque de larges taches de sueur sous ses aisselles.
— On dirait que ton expérience a encore foiré, lance-t-elle à Nathan d'un ton de reproche.
— Si vous ne m'aviez pas distrait avec vos histoires de nuage lumineux… se défend celui-ci.

Je ne les écoute pas. Je me moque de leurs querelles interminables. J'ai réussi à me remettre péniblement sur pied et je veux juste de l'eau. J'ai trop soif.

Je monte l'escalier qui mène à l'étage et j'arrive devant la grande porte vitrée qui donne sur l'extérieur. Je ne peux m'empêcher de crier :

— Mais c'est complètement fou ! Venez voir ! Vite !

CHAPITRE 4
L'ASSOURDISSANT SILENCE

— Qu’est-ce qui se passe ?

Nathan et Florence m’ont rejoint.

Je réplique :
— Regardez dehors !
— Ah, ça alors !

Tous deux sont aussi surpris que moi. Ce qui restait du banc de neige a complètement fondu. La pelouse a tout envahi. Elle est d’un vert lumineux. Il n’y a plus de gadoue ni d’eau sale. Les pissenlits sont déjà blancs, les feuilles habillent les arbres et les deux pommiers au fond de la cour regorgent de fleurs.
— Mais… mais hier soir, balbutie Nathan.
— Le printemps est arrivé en une seule nuit, poursuit Florence. Ce n’est pas possible.

Je demande :
— Est-ce que c’était bien hier soir ? J’ai l’impression d’avoir dormi plusieurs jours.
— Voyons donc, Olivier, rétorque Florence.

Nos parents seraient venus nous chercher. Nous nous serions réveillés dans un hôpital.

— D'ailleurs, parlant de parents, où sont les miens ? s'inquiète Nathan. Ils sont partis travailler sans se soucier de moi.

C'est vrai que c'est aberrant. Mais nous avons plus urgent à régler pour le moment : boire !

Tous les trois, nous nous dirigeons vers l'évier. Le robinet crachote une eau qui goûte un peu le métal, sauf que nous avons tellement soif que nous ne nous plaignons pas.

Nathan, la bouche encore dégoulinante d'avoir bu à même le robinet, commence à arpenter la maison :

— Papa ! Maman !

CLUB p.120

Évidemment, il n'y a personne. On dirait même qu'il y a un bon moment que les parents de Nathan n'ont pas fait le ménage. Il y a de la **poussière** partout.

Dans la chambre à coucher, le lit est défait. Leurs vêtements de nuit sont abandonnés sur la couette.

Nous sortons par la porte vitrée qui donne sur le patio. Une fois à l'extérieur, je m'étonne encore une fois :

— Il… il n'y a aucun son, avez-vous remarqué ?

— Tu es sourd ou quoi ? s'étonne Nathan. Écoute-moi ces oiseaux ! On jurerait qu'ils sont trois millions.

— Et ces grenouilles ! ajoute Florence. Il y en a bien autant.

— Oui, mais le bruit des voitures sur l'autoroute à côté, de l'usine à bois au bout de la rue… D'habitude, c'est une agitation continuelle. Et là…

— On n'entend rien ! concluent mes deux amis d'une seule voix.

CHAPITRE 5
LE CURIEUX PRINTEMPS

— Le téléphone ne fonctionne pas, dit Florence qui voulait appeler ses parents pour les rassurer.

Elle repose le combiné. Je prends mon cellulaire et vérifie le signal.

— Le réseau est mort.

— Il n'y a plus d'électricité, remarque Nathan en regardant l'horloge de la cuisinière.

Il ouvre la porte du réfrigérateur et constate l'absence de lumière. Ensuite, c'est l'odeur qui nous frappe.

— Hou là là ! lance Florence. Ça doit faire un moment. Tout est pourri là-dedans.

— Mais hier soir… commence Nathan.

Je réplique, sur un ton un peu exaspéré :

— Ce n'était pas hier soir !

Je n'emploie jamais ce ton, bien sûr. Enfin, jamais en situation normale, sauf que, en ce moment, rien n'est normal.

— Zut ! J'ai faim, moi, se plaint Nathan. Attendez. Il y a des boîtes de conserve par ici… Oui, voilà !

Je m'écrie :

— Ah non, pas des olives !

— Il y a ça, aussi.

— Et on cuit ça comment, du **ragoût de boulettes**, quand on n'a plus d'électricité ? demande Florence, les yeux fixés sur l'étiquette.

CLUB p.122

Nathan hausse les épaules.

— Je ne sais pas, dit-il enfin.

Je réplique :

— On mange froid.

Et, pour donner l'exemple, je plonge une cuillère dans la boîte que je viens d'ouvrir. Chauds, ces trucs ne sont déjà pas très bons, alors froids… Beurk ! Mais j'ai tellement faim que je mange tout.

Une fois rassasiés, nous sortons pour accompagner Florence chez elle. En même temps, nous partons à la découverte de ce curieux printemps. Il fait beau et chaud. Une brise agréable agite les arbres, et des oiseaux volent en tous sens. Nous laissons nos manteaux chez Nathan. À quoi bon s'en encombrer !

— Toutes les voitures sont arrêtées, note Florence. Aucune ne roule. Et regardez ! Des vêtements par terre, là-bas… et là-bas… et là-bas...

— En effet, c'est vraiment étrange, approuve Nathan.

J'ajoute :

— On ne croise personne. On dirait que nous sommes seuls dans cette rue.

Et, au moment où je fais cette constatation, un hurlement effrayant résonne dans une avenue voisine.

CHAPITRE 6
LE MONDE IMMOBILE

— Que… qu’est-ce que c’était que ça ? s’inquiète Florence en me saisissant par le bras.

Si je n’étais pas si effrayé moi-même, je me réjouirais de sentir la douceur de ses doigts contre mon biceps.

— On… on aurait dit un loup-garou, répond Nathan en claquant des dents.

Une chance qu’il fait jour et que le soleil brille, sinon je crois que j’aurais manqué de courage.

CLUB p.124

— Ne sois pas stupide ! rétorque Florence. **Les loups-garous**, ce sont des… des inventions...

N’empêche, elle me serre le bras encore plus fort. Je ne vais pas m’en plaindre. Je me sens toutefois obligé, à mon tour, de rappeler notre copain du club de sciences à l’ordre :

— Allons donc ! Des loups-garous ! Il s’agissait d’un chien, c’est tout. Il est peut-être blessé.

— Alors il… il faudrait lui porter secours, suggère Florence d’un ton qui signifie plutôt : « N’allons surtout pas dans la direction de ce hurlement ! »

— Filons chez toi comme prévu, propose Nathan. On verra ensuite ce qu'il faut faire.

Florence abandonne mon bras et nous marchons un peu plus vite en regardant sans cesse derrière nous.

— L'arrêt d'autobus est là, annonce notre copine après un moment.

— Tu crois vraiment qu'il y a encore des autobus qui circulent ? demande Nathan.

J'ajoute :

— C'est qu'on n'a toujours pas croisé une seule voiture depuis qu'on est partis. Enfin, je veux dire : une voiture qui roule. Et ces vêtements partout ! C'est complètement fou. Il y en a même à l'intérieur de l'abribus.

Nous nous regardons tous les trois en silence pendant de longues secondes. D'une voix inquiète, je lance :

— Mais que s'est-il passé pendant qu'on dormait ?

CHAPITRE 7
L'ÉTRANGE IDÉE

Le centre-ville, que nous devons traverser pour nous rendre chez Florence, est à l'image de ce que nous avons constaté dans la rue chez Nathan. Les véhicules sont immobilisés le long des trottoirs et parfois même au beau milieu de la chaussée : automobiles, camions, tracteurs, autobus, voitures de police, ambulances... Nulle part, on ne trouve âme qui vive. On dirait que tous les humains ont quitté le quartier en laissant leurs vêtements par terre.

Les rues semblent toutefois avoir attiré corneilles et goélands. Sans doute à cause des détritus qui traînent partout. On distingue aussi des débris d'os, de poils, de plumes... Des restes de bestioles. C'est un peu comme si quelqu'un s'était amusé à renverser les poubelles, à étendre les déchets. De petits animaux se sont peut-être disputés pour y manger. Ensuite, des plus gros, des chiens peut-être, s'y sont mêlés, eux aussi à la recherche de nourriture.

— Vous entendez ? s'inquiète Florence. Encore le même hurlement que tout à l'heure !

— Oui, mais beaucoup plus loin, précise Nathan.

Il n'ose plus faire allusion aux loups-garous.

Personnellement, je me contente de déglutir en silence.

— On ne voit aucune lumière dans les magasins, mentionne notre copine tandis que nous marchons dans une rue commerciale. Il semble qu'il n'y a pas plus d'électricité ici que chez toi, Nathan.

— Tu ne t'étais pas encore aperçue que les feux de circulation ne fonctionnent plus ?

CLUB p.126

En passant devant une vitrine où l'on annonce de la **crème glacée**, il me vient une étrange idée :

— Vous croyez que ce serait malhonnête d'aller manger une petite crème glacée même s'il n'y a personne pour nous servir ?

Florence et Nathan échangent un regard en plissant les lèvres.

— Je ne sais pas, dit l'un.

— Sans doute pas, ajoute l'autre.

— Dans ce cas, allons-y !

Intérieurement, je songe qu'un bon dessert nous aidera à oublier le mauvais goût du ragoût de boulettes. Seulement, une horrible odeur nous attaque les narines.

— Zut ! s'exclame Nathan devant les congélateurs. Je n'avais pas pensé à ça.

— Moi non plus, se désole Florence.

— Et moi, encore moins, dis-je en constatant que, sans électricité, le contenu des congélateurs a tout fondu.

Voilà qui n'invite pas à la dégustation. Par contre, nous trouvons plusieurs barres de chocolat et des caramels qui font notre délice. Au moment où je m'apprête à ouvrir mon troisième emballage, un grognement retenu s'élève à deux pas de moi.

Je me tourne lentement vers une porte entrouverte au fond du commerce… et mes cheveux se dressent sur ma tête !

Je viens d'apercevoir deux babines retroussées sur des crocs luisant de salive.

CHAPITRE 8
LA BÊTE FURIEUSE

Heureusement pour moi, Nathan a de bons réflexes. Au moment où le chien va bondir dans ma direction, gueule ouverte, mon ami donne un violent coup de pied dans la porte qui se referme avec fracas. Puis nous entendons l'animal se heurter à la cloison et, ensuite, gratter furieusement le bois en aboyant à pleins poumons.

— Fuyons ! hurle Florence qui en oublie les caramels et les barres de chocolat dont elle s'était emparée.

Nous quittons le magasin à toute allure. Nous nous assurons de bien refermer la porte derrière nous, même si nous savons que le chien ne pourra franchir la première.

— Saperloche que j'ai eu peur ! Un chien de garde pour un commerce de crème glacée !

Plié en deux, mains sur les genoux, je reprends mon souffle. Florence n'est pas de mon avis :

— Je me demande s'il ne s'agit pas plutôt d'une bête affamée qui n'a rien avalé depuis des jours. Il faudrait la libérer afin qu'elle puisse trouver de la nourriture.

Je m'exclame :

— Quelle nourriture ? Nous ? Ou d'autres personnes ?

— Quelles autres personnes ? demande Nathan. On dirait qu'on est seuls dans la ville.

Une fois de plus, nous nous regardons en silence. Seuls dans la ville. Seuls au monde, peut-être ! Nous n'y avions pas pensé… enfin, pas vraiment. Seuls au monde. Cela signifie plus aucun adulte, plus personne pour nous obliger à aller à l'école, à faire des devoirs poches, à nous coucher tôt, à nous lever tôt… Plus personne pour nous obliger à rien.

— Seuls au monde… répète Nathan.

— Et mes parents ? s'inquiète tout à coup Florence.

Je demande à mon tour :

— Et les miens ?

— Je... je ne veux pas perdre mes parents, poursuit notre copine. Ni mes frères.

Craignant peut-être que je choisisse de l'abandonner pour courir retrouver les miens, elle me prend la main. Elle m'entraîne avec elle.

— Allons vite chez moi ! lance-t-elle.

CHAPITRE 9

CHIENS D'HORREUR

-AAAH !

C'est Florence qui vient de pousser ce cri de peur. Devant nous, au détour d'une haie de cèdres, un petit chien blanc vient de surgir. C'est un bichon. Il court droit devant lui en lançant des cris plaintifs. Nous nous immobilisons aussitôt.

Soudain, derrière lui, surgissent deux **chiens** plus gros. Beaucoup plus gros. Des dogues, peut-être, je ne sais trop, je n'y connais rien. Ils ont le poil noir et ras. D'ordinaire, sont-ils agressifs ? Je l'ignore, mais, pour le moment, ils poursuivent le bichon, crocs pointés devant eux.

CLUB p.128

Dans un seul mouvement, Florence, Nathan et moi plongeons derrière un muret de ciment. Les bêtes ne nous ont pas aperçus. Les deux molosses sont trop occupés à rattraper leur proie.

Florence place une main devant sa bouche tandis que Nathan et moi restons muets de stupeur : les deux gros chiens sautent sur le petit.

Le premier monstre saisit le bichon à la gorge et le secoue violemment. Il y a un bref glapissement, puis le sang se met à gicler. Le second molosse s'en mêle et, à deux, les chasseurs déchiquettent leur victime devant nos yeux. Nous voyons la chair s'ouvrir et les entrailles du bichon tomber sur le sol.

Avec des grognements continus, des claquements de dents et des glouglous de déglutition, les chasseurs se disputent la chair du petit chien. Quand il ne reste plus qu'un amas de poils tachés de sang, les deux bêtes repartent à la course dans la direction opposée à la nôtre.

Voilà qui explique tous ces restes d'animaux que nous voyons partout et qui font le régal des oiseaux.

La scène s'est déroulée en moins de deux minutes, mais elle nous a paru une éternité. Florence, Nathan et moi, nous nous regardons en silence, sous le choc. Florence a toujours la main sur la bouche. Ses yeux sont humides de larmes. Nous réalisons peu à peu que si les molosses avaient été un peu moins excités par leur proie, ils nous auraient sans doute repérés. Et attaqués !

— Partons vite d'ici ! finit par dire Florence lorsqu'elle retrouve la parole.

Nous quittons notre abri pour nous diriger vers la rue où habite notre copine. Aussitôt que nous nous sommes assez éloignés, les corneilles se précipitent pour se disputer les restes du bichon.

CHAPÎTRE 10
RÊVE OU RÉALITÉ ... OU CAUCHEMAR ?

— Personne, il n’y a vraiment personne.

Florence constate le même vide, le même état de délabrement chez elle que chez Nathan.

— Les vêtements de mes parents et de mes frères traînent dans les chambres et dans le salon.

— Mais qu’est-ce qui a pu se passer pendant qu’on dormait ? lance Nathan.

Je crois qu’il s’adresse plus à lui qu’à nous.

— Est-ce qu’on dort toujours et que ceci n’est qu’un rêve ? demande-t-il ensuite.

Encore là, je crois qu’il se parle tout seul. Malgré mes doutes, je réponds :

— Non, on ne rêve pas. Un rêve n’a pas la richesse de détails et de sensations que nous éprouvons en ce moment. On est bien dans la réalité, sauf que la réalité…

— … est bizarre.

— On dirait plutôt un cauchemar, précise Florence en regardant une photo de sa famille accrochée au mur.

Je propose :

— On va chez moi ? J'aimerais vérifier à mon tour... des fois que...

— Oui, répond Nathan sans me laisser préciser ma crainte d'avoir perdu aussi mes parents. Allons-y.

— Je suis d'accord, les gars, mais attendez-moi une seconde. J'ai l'impression que je porte les mêmes vêtements depuis mille ans. Je vais me rafraîchir un peu et me changer.

Notre copine disparaît en direction de la salle de bains. Nathan et moi parcourons tranquillement les lieux en attendant.

CLUB p.130

Je soulève une pomme dans un panier sur le comptoir. Je la laisse tomber en constatant que le dessous est complètement pourri et que j'ai dérangé une multitude d'**insectes dégoûtants**. Une forte puanteur s'en dégage.

On sort finalement de la maison. Je lance :

— Vivement qu'on aille chez moi !

CHAPÎTRE 11
RATS ET COQUERELLES

Florence nous prête les vélos de ses frères et, tous trois, nous roulons en direction de chez moi. À deux reprises, nous entendons les hurlements des chiens qui se répondent d'un quartier à l'autre de la ville. On dirait qu'ils ont formé des meutes.

Dans ce secteur, plus qu'ailleurs, nous trouvons aussi des restes d'animaux le long des trottoirs : os, poils, lambeaux de chair… Peut-être à cause du parc non loin. Le boisé attire sans doute les bêtes qui cherchent à s'y réfugier. Je ne sais pas.
— Aaah ! Là ! crie Florence.
— Mais c'est dégueulasse ! renchérit Nathan.

Une douzaine de rats traversent la rue devant nous.

Soudain, un gros oiseau de proie, tel un hibou ou un aigle...
— Une buse ! s'exclame Florence.

... une buse, donc, plonge vers le sol. Elle attrape l'une

des bestioles et remonte aussitôt vers le ciel. Un gros rongeur gigote entre ses serres. L'oiseau disparaît derrière les toits tandis que les rats plongent dans une bouche d'égout.

Je m'exclame :

— D'où sortaient-ils, ceux-là ? On n'a jamais aperçu de buses par ici ! Encore moins de rats !

Je le sais. C'est ma rue. Nous nous précipitons vers ma maison. Chez moi, tout est comme chez Nathan et Florence. Poussière partout, vêtements de mes parents dans le salon, réfrigérateur rempli de nourriture en décomposition, armoires remplies de…

CLUB p.132

— Ouaaaah !

<u>Des coquerelles !</u>

Nathan a reculé en sautant à deux pieds. Les insectes disparaissent vivement à l'ouverture des portes.

Je me dirige dans la cour arrière, là où papa a aménagé une chambre froide. Très fier, j'annonce :

— Il y a des pommes de terre en parfait état. Et des betteraves. Et des oignons aussi.

— Chouette ! Manger des oignons crus. Mon rêve ! se moque Nathan.

— C'est là que tu te trompes, cher ami !

Et, notant avec plaisir la mine réjouie de Florence, je tire du cabanon le gros barbecue de mes parents. Je lance fièrement :

— Bouilli de légumes au menu.

— Je me demande si je ne préfère pas le ragoût de boulettes froid, dit Nathan en plissant le nez.

Pour la première fois depuis le matin, Florence et moi éclatons de rire.

CHAPITRE 12
LE LONG, LONG SOMMEIL

Nous avions prévu de nous rendre dans un poste de police. Avec le soir qui approche, nous décidons de remettre au lendemain notre visite. C'est que, après être arrivé chez moi, je m'attarde. Je fais du ménage. Je sais, c'est idiot, mais il me semble que je ne peux pas laisser un tel désordre. Mes parents n'appréciaient pas... n'apprécient pas le fouillis.

Si jamais ils reviennent... Quand ils reviendront, je veux qu'ils retrouvent la maison comme avant. Je veux...

Je me refuse à l'idée que papa et maman ont disparu. Aucun de nous trois, d'ailleurs, n'admet encore qu'il a perdu les siens. Nous avons toujours l'impression que nous les verrons surgir à un moment ou l'autre, que notre univers redeviendra ce qu'il a été avant.

Je présume que c'est une façon normale de réagir à une situation pour le moins... anormale.

Alors je fais du ménage pendant que Florence et Nathan boivent des boissons gazeuses dans le salon.

En bons esprits scientifiques, ceux-ci en profitent pour chercher une explication à notre situation. Utilisant les scénarios des divers romans et des nombreux films de science-fiction que nous avons lus et vus, ils extrapolent : des extraterrestres ont lancé une bombe qui désintègrent les humains, mais pas les autres animaux et les choses.

— Scientifiquement impossible, dit Nathan.

— Rejeté! confirme Florence. Une porte spatiotemporelle s'est ouverte et a englouti le genre humain...

— Pourquoi pas nous? questionne Nathan.

— Rejeté!

— Le genre humain, c'est la création d'un auteur de bandes dessinées qui vient d'effacer ses croquis et nous a oubliés...

Lorsque toutes les options possibles — et surtout impossibles — ont été envisagées, que nous nous sommes tous trois réfugiés sur le sofa du salon à parler plus sérieusement, nous planifions notre visite au poste de police, prévue le lendemain.

— Pour circuler en ville, il faudra s'armer, suggère Nathan. Avec ces chiens errants...

Je propose :

— Il y a mon bâton de baseball. J'ai un bâton de hockey aussi.

— Un couteau de cuisine serait efficace, lance Florence.

Elle garde les mains refermées sur ses bras, comme pour arrêter leurs tremblements.

— D'accord, dis-je. On verra demain. En attendant, Florence, tu peux dormir dans le lit de mes parents. Pour toi, Nathan, il y a ce sofa.

Dans la nuit, je suis réveillé par une grande envie de pipi. L'horloge à piles de ma chambre à coucher indique deux heures du matin. Je me lève et me dirige vers la salle de bains. Sous mes pieds nus, je sens la tiédeur du plancher de bois. Si nous étions toujours à la fin de l'hiver et non pas au cœur du printemps, ce serait trop froid et je devrais mettre des pantoufles.

Il me vient tout à coup une idée. Mon horloge possède un indicateur de dates. Trop curieux pour attendre, je reviens sur mes pas et appuie sur le bouton approprié. Je manque de pousser un cri : trois semaines ! La date indique que nous avons dormi trois semaines ! C'est impossible ! Nous serions morts de faim et de soif bien avant !

CLUB p.134

L'envie de pipi est trop forte et je retourne vers les toilettes. Mon cerveau est en ébullition. **Comment pouvons-nous avoir dormi autant de temps sans mourir** ? Et que s'est-il passé pendant notre sommeil ?

Lorsque je ressors de la salle de bains, il me semble entendre un curieux grattement. Encore les coquerelles ? Des rats, peut-être ?

Je me dirige vers la cuisine en m'orientant à l'aide du bruit. Lorsque je regarde vers la large porte-fenêtre donnant sur le patio, le sang se glace dans mes veines.

Sous les rayons de la lune, j'aperçois la silhouette d'une bête énorme qui cherche à ouvrir le battant avec ses griffes. Ses yeux brillent d'une lueur effrayante.

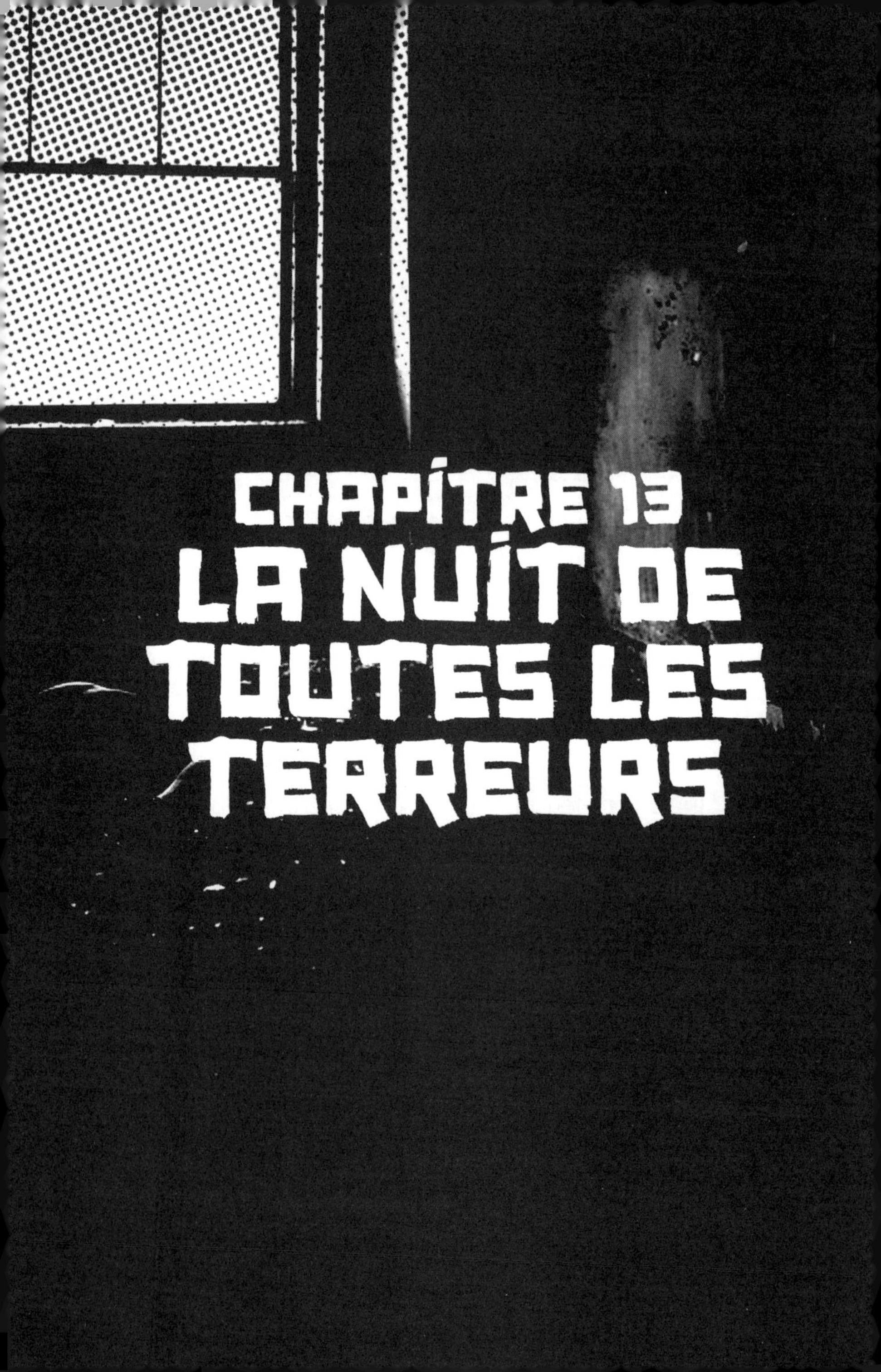
CHAPÍTRE 13
LA NUÍT DE
TOUTES LES
TERREURS

— Alerte ! Nathan ! Florence ! Debout, vite ! Viiiite !

La bête n'est pas seule. Autour d'elle, je vois circuler d'autres monstres qui lui ressemblent. Ce sont des chiens. De très gros chiens, ou des loups, ou des… loups-garous. En m'entendant hurler, ils s'excitent. Ils font encore plus d'efforts pour insérer leurs griffes entre le battant et le chambranle.

J'allume une lampe de poche et je dirige le faisceau directement sur eux. Ils sont noirs. Massifs. Leurs crocs luisent sous leurs babines retroussées. Aucun doute : ils ne sont pas ici pour réclamer un câlin. Ils ont dû flairer notre odeur autour de la maison et veulent faire de nous leur prochain repas.

Le souvenir du bichon éventré sous nos yeux accentue ma peur. On aurait peut-être dû aller dormir au sous-sol, comme chez Nathan. Ainsi, notre odeur ne se serait pas répandue partout dans la maison.
— Qu… quoi ? Qu'est-ce qu'il… ?

C'est Nathan qui vient d'apparaître, pieds nus, vêtu d'un simple caleçon. Le rond de lumière de sa lampe de poche le précède. Il a les cheveux ébouriffés, les paupières lourdes de sommeil.
— Qu'est-ce que tu as à… Aaaah!

Il vient d'apercevoir les molosses. Florence arrive à son tour au pas de course. En guise de pyjama, elle a enfilé un long t-shirt qui appartient à ma mère. Il lui tombe à mi-cuisse.

Elle aussi pousse un cri d'horreur.
— Aaaah!

Je me précipite vers le tiroir où maman range ses couteaux. Je me saisis des deux lames les plus longues du lot et je tends l'une d'elles à Nathan.
— Et moi? Et moi? s'inquiète Florence.

Elle s'imagine sûrement déjà en train de combattre les chiens à mains nues. Je n'ai pas d'autres objets tranchants à lui donner, mais il est vrai que je dois lui trouver quelque chose pour se défendre.

Je lui remets mon propre couteau, puis je cours à ma chambre. Je m'empare de mon bâton de baseball. Je reviens vers la cuisine. Nathan et Florence tremblent en pointant leur lame vers la porte coulissante.

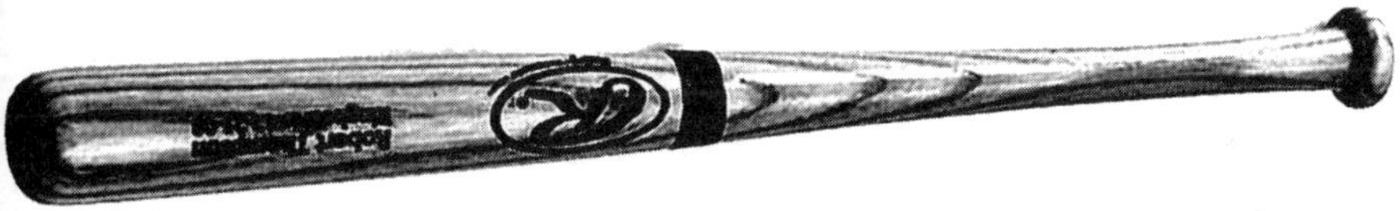

— Et… et on fait quoi, maintenant ? s'informe Nathan.

— Pas question d'attendre que ces bêtes parviennent à ouvrir un passage pour les affronter, affirme Florence.

Sincèrement, je n'en avais pas l'intention. Je dis :

— Si on allait s'enfermer du côté de…

Je ne peux terminer ma phrase. De la salle à manger provient un grand fracas. Je m'y rue pour voir de quoi il retourne. Je n'ai même pas fait trois pas quand j'aperçois l'un des monstres. Il a réussi à casser une petite fenêtre et s'extirpe des débris. Il fonce sur moi !

CHAPÍTRE 14
LES MONSTRES ENTRENT

J'ai à peine le temps de refermer la porte que j'entends la masse lourde de la bête se heurter contre le bois. Je lance à mes deux amis :

— La retraite est coupée!

D'un seul mouvement, nous nous retournons face à la porte-fenêtre. Trois chiens s'acharnent maintenant avec leurs griffes sur le caoutchouc du battant.

— La… la serrure bouge, balbutie Florence.

Je réplique, la voix blanche :

— Maman avait bien raison de reprocher à papa d'avoir installé une porte bon marché.

À force de subir la pression des pattes et des corps massifs, la clenche se dégage lentement.

— Saperloche! Ils… ils vont entrer!

J'appuie le dos malgré moi à la porte de la salle à manger. Un grognement et un coup violent contre le bois me rappellent que nous sommes attendus de l'autre côté.

Florence, Nathan et moi restons face à la vitre, lames et bâton brandis, prêts à nous défendre si jamais la serrure cédait. Nous en profitons pour dénombrer les chiens.

— Il y en a trois qui se relaient contre le caoutchouc, dit Florence.

— J'en vois deux près du cabanon, affirme Nathan. Ils me paraissent plus petits…

C'est moi qui complète sa phrase :

— Mais ils sont quand même trop nombreux.

— Il y en a deux autres le long de la piscine, lance Florence en levant son couteau plus haut devant elle.

Une bête donne de l'épaule contre la porte-fenêtre, ébranlant la vitre. La clenche cède presque.

— Saperloche ! Je pense qu'elle ne résistera plus longtemps.

Nathan demande :

— Tu n'as pas un bout de planche, un manche à balai ou quelque chose du genre qui pourrait nous servir à bloquer l'ouverture ?

— Bonne idée !

Mais à l'instant où je trouve dans l'armoire un manche de vadrouille assez long, j'entends un grincement

CHAPÎTRE 15
COMBAT AVEC LES BÊTES

Un premier chien entre. J'agis davantage par réflexe que par calcul. J'assène mon plus violent coup de bâton de baseball. Même lorsque je joue pour l'équipe locale, je ne réussis jamais à frapper aussi fort… ni, surtout, à frapper aussi juste. Le monstre s'écroule dans un cri strident, le crâne fracassé.

Ma réaction rapide et inattendue surprend les deux autres molosses. Ceux-ci brisent leur attaque et restent sur le seuil sans oser entrer. Lorsqu'ils voient se précipiter vers eux deux lames brillantes et un bâton tournoyant, ils reculent tout à fait. Dans leur retraite, ils bousculent les quatre autres qui approchaient.
— Referme la porte, vite !

Nathan obéit immédiatement pendant que je me charge de bloquer la porte avec le manche de la vadrouille.

Zut ! Il est trop long et je dois l'incliner. Au moindre coup trop fort, il glissera, et la porte s'ouvrira ! Pendant que je m'échine à trouver l'angle le plus approprié avec mon bout de bois, les molosses ont le temps de se ressaisir. Ils reprennent leurs assauts contre la porte-fenêtre. Cette fois, ils s'y mettent en groupe et ce ne sont plus trois, mais bien six monstres qui s'acharnent à pousser contre la vitre.

— Ça ne tiendra pas longtemps! lance Nathan en reculant.

Ses yeux vont du manche de vadrouille à l'extérieur, puis de l'extérieur au manche de vadrouille, et de nouveau...

Il manque de trébucher sur le cadavre du chien. Le plancher de la cuisine est couvert de sang. Il coule abondamment de l'une des oreilles de ma victime.

Des yeux, je suis le long déversement qui atteint la porte donnant sur la salle à manger. On entend toujours les grognements du chien qui est parvenu à entrer par la fenêtre brisée.

— Mais j'y pense : il est seul, celui-là!

— Qui? demande Nathan.

— Le chien qui est entré. Il est seul. On peut le neutraliser.

— Tu veux dire…

— Tu veux qu’on ouvre cette porte ? demande Florence, les yeux arrondis.

— Si nous attendons que la porte-fenêtre lâche encore, nous aurons affaire à six monstres, tandis que par là…

CLUB p.136

Je m’élance vers l’armoire sous l’évier et en retire un gros **extincteur**.

— Il y en a un autre. Papa se les est procurés en solde, je ne sais trop où.

— Ça va, j’ai compris, lance Nathan en abandonnant son couteau et en s’emparant de l’une des bonbonnes.

— Bien. Florence, occupe-toi de la porte. À mon signal, tu l’ouvres en t’assurant de te protéger derrière. Dès que la bête bondira dans l’ouverture, Nathan et moi l’accueillerons avec nos… nos « armes ».

— OK.

— Nathan, tu es prêt ?

— Je suis prêt.

— Vas-y, Florence. Ouvre !

CHAPITRE 16
LA FUITE

Une vraie furie ! Dès que la porte s'entrouvre, le chien, excité comme jamais, bondit dans l'entrebâillement. Il s'appuie si bien contre le montant que Florence est repoussée contre le mur.

Nathan et moi l'attendons avec nos extincteurs, embout du tuyau dans une main, poignée du déclencheur dans l'autre. Dès que nous distinguons les pupilles de l'animal brillant de fureur et ses crocs dégoulinant de salive, nous pressons nos gâchettes. Deux geysers de produits chimiques sont aussitôt crachés dans les yeux et dans la gueule de la bête. Aveuglée, en suffoquant, elle passe entre Nathan et moi sans nous toucher. Elle poursuit sa course et va se heurter contre le mur du fond.

— Sortons ! Vite !

Florence contourne la porte et, lampe de poche devant elle, se précipite vers la salle à manger. Nous la suivons aussitôt. J'ai à peine le temps de refermer derrière moi que j'entends le fracas du manche de vadrouille qui tombe et le glissement de la porte coulissante repoussée sur son rail. Les aboiements des six prédateurs résonnent dans la cuisine.

— Vite, avant que d'autres monstres pensent à entrer par la fenêtre cassée!

Nous grimpons l'escalier menant à l'étage à une vitesse folle. Une fois dans le corridor du haut, je me hâte vers un commutateur qui permet d'ouvrir l'accès au grenier.

— Merde! J'avais oublié qu'il n'y a plus d'électricité.

Je cours dans ma chambre, tâtonne un peu dans l'obscurité pour trouver mon bâton de hockey et reviens dans le corridor. Je parviens à insérer le bout de la palette dans l'étroit anneau de métal de la trappe. Je tire...

CLUB p.138

Elle s'ouvre! Il ne me reste plus qu'à descendre **l'échelle** en m'attaquant cette fois à la corde qui pendouille.

— Vite, Florence. Monte!

Notre copine ne se fait pas prier pour passer la première. Nathan et moi la suivons sans attendre. Les aboiements en bas indiquent maintenant que des chiens entrent par la fenêtre cassée. Je distingue parfaitement le crissement de leurs griffes sur le carrelage de la salle à manger. Quand les bêtes apparaissent dans les marches de l'escalier, j'ai retiré l'échelle.

Nous nous retrouvons, mes amis et moi, en sécurité dans le grenier.

CHAPITRE 17
LE CRI D'HORREUR

Toute la nuit, nous écoutons les chiens parcourir la maison. Nous les entendons aussi grogner et déglutir. Pas de doute, le molosse que j'ai abattu sert de repas. La cuisine doit être dans un état épouvantable.
Je songe : « Mon ménage! », à la manière de maman ou papa lorsque je rentre sans faire attention.
Pas question de nous rendormir, bien sûr. Lorsque les premières lueurs de l'aube nous permettent enfin de voir dehors, nous grimpons sur le toit par la lucarne du grenier.
— Regardez! s'écrie Nathan. Ils sortent de la maison.

En effet, six monstres émergent par la fenêtre fracassée. Après un dernier tour du jardin, ils franchissent la haie du voisin, sans plus se soucier de nous. La meute disparaît au bout de la rue. Visiblement, les molosses n'ont plus faim… Du moins, pour l'instant.
— Il manque toujours celui que nous avons aspergé avec les extincteurs, dit Nathan, un peu inquiet.

Je rentre dans le grenier et déclare :

— Soyons prudents. Je redescends en premier dans la maison. Attendez que je vous appelle avant de venir me rejoindre.

Ni Nathan ni Florence ne trouvent à redire.

Comme nous l'avions prévu, la maison est abandonnée par les molosses. Après avoir récupéré l'extincteur qui me paraît le moins vide, je pénètre dans la cuisine, tuyau pointé devant moi comme le canon d'une carabine.

Je ne peux m'empêcher de pousser un cri d'horreur. La scène est dégoûtante.

CLUB p.140

Les deux chiens, même celui qui n'était pas mort, ont été complètement **dévorés par leurs semblables**. Le plancher est couvert de sang. On y distingue sans mal les coups de langue et les empreintes de pattes des prédateurs. Des bouts de chair et d'entrailles traînent encore ici et là. Il y a du poil partout.

Je n'ai jamais rien vu de tel. Et l'odeur ! L'odeur !

Ça pue tellement que je ne peux m'empêcher de vomir par terre, rajoutant encore plus de dégâts dans la pauvre cuisine de mes parents.

— Olivier ! Oh ! Olivier ! Ça va ? Tu vas bien ? On peut descendre ?

Je n'arrive même pas à répondre à Nathan sans risquer de vomir de nouveau. Je me précipite dehors pour respirer de l'air pur.

Mes deux amis arrivent aussitôt, inquiets, une main sur le nez.

— Quelle horreur ! murmure Florence, à deux doigts de vomir elle aussi.

Je me détourne et m'éloigne, toujours vêtu de mon pyjama et pieds nus.

Plus question de rentrer dans cette maison.

CHAPITRE 18
EN QUÊTE DE CONSOMMATION

Nous nous habillons de neuf dans une boutique de vêtements de la rue commerciale de mon quartier. Jeans, t-shirt et chandail pour Nathan et moi, jolie petite robe verte pour Florence.

— C'est hors de prix, dit-elle, le nez sur l'étiquette.

— Mets ça sur mon compte, lance Nathan en éclatant de rire.

Une ville abandonnée par ses habitants a quand même ses bons côtés... quoique nous aurions préféré que le poste de police ne soit pas aussi désert que le reste. En passant devant une vitrine, je m'exclame :

CLUB p.142

— Une boutique de téléphones cellulaires ! S'il y a un **appareil satellitaire**, nous pourrons peut-être appeler quelqu'un.

À l'aide de chaises et d'un marteau à incendie dénichés dans la boutique de vêtements, nous brisons les vitres des comptoirs et des armoires.

— Nous voilà de vrais délinquants, fait remarquer Florence, le regard soucieux.

— Personnellement, je trouve ça amusant, réplique Nathan en se protégeant le visage de l'avant-bras.

De son autre main, armé du marteau, il fracasse un présentoir.

— C'est bien ce que je craignais, dis-je en pianotant sur un appareil dont je me suis emparé.

— Quoi donc ?

— Pas d'activation. Même si les téléphones sont fonctionnels, aucun ne captera de signal si un représentant ne l'a pas activé.

Florence plisse les lèvres dans une moue de résignation :

— De toute façon, on n'aurait sans doute rien capté. Toute l'humanité semble avoir déserté la planète.

Comme cela nous arrive fréquemment, nous nous regardons un moment en silence.

— Toute… l'humanité… répète Nathan, la gorge nouée.

Les doigts de Florence se posent sur mon bras et, une fois de plus, j'en goûte la douceur. Tandis que je m'apprête à poser ma main sur la sienne, Nathan tend l'oreille.

— Vous entendez ? demande-t-il.

— Quoi ?

Au lieu de me sentir intrigué, je suis presque fâché contre lui. C'est comme s'il m'empêchait de profiter de ce contact avec Florence. Si mon copain est surpris de ce ton que je n'emploie jamais, il ne le montre pas. Il se dirige vers la porte du commerce et insiste :

— Là, encore !

— Mais qu'est-ce que tu entends ? dis-je.

— Un bruit de voiture.

CHAPITRE 19
LE FRISSON GLACIAL !

Nous quittons le magasin. De retour dans la rue, nous ne voyons rien.

— Tu es sûr d'avoir entendu une voitu… commence Florence.

— Chut! Écoute! l'interrompt Nathan.

Un grincement...

Un bruit lointain — faible, en tout cas — de métal froissé... Pourtant, ce n'est pas un bruit de moteur comme le supposait Nathan.

— J'ai pourtant cru distinguer le son de pneus qui roulent sur l'asphalte, affirme notre copain, mais d'un ton moins convaincu.

Nous scrutons la rue qui descend vaguement en pente, à l'ouest, puis la montée, à l'est. Je m'avance de quelques pas vers le centre de l'intersection où pendouille un feu de circulation inutile. Rien au croisement, rien dans l'artère transversale, rien au bout d'une ruelle entre deux bâtiments, rien...

Ah ? Oui, maintenant, je discerne un... je ne sais trop, un bruit de ferraille. À cause du vent entre les bâtiments, il m'est encore difficile de l'identifier, de le situer avec exactitude.

– OLIVIER ! ATTENTION !

Au cri de Nathan, j'exécute un demi-tour sur un seul talon. Un frisson glacial me paralyse sur place.

Lancé à toute vitesse dans la rue en pente, entraîné par sa masse de plusieurs tonnes, pareil à un monstre furieux, fonce vers moi un immense semi-remorque !

CHAPÍTRE 20
PARALYSÍE !

-Sapristi de sacrifice de sapristi de… !

Nathan a beau s’exciter, je ne peux plus bouger. C’est fou, mais la peur m’a paralysé.

Je reste là, les bras ballants, les yeux exorbités, à regarder fondre sur moi, avec une accélération constante, le bloc colossal du semi-remorque. Dans moins d’une seconde, si je ne parviens pas à remettre mes muscles en marche, je serai réduit en gravats. Je suis happé de plein fouet et projeté à dix pas avec une violence inouïe.

Du moins avec la violence de la masse corporelle de Nathan qui s’est précipité pour me projeter hors de la trajectoire du mastodonte d’acier. Ce dernier nous frôle à toute vitesse.

Nous roulons tous les deux sur l’asphalte contre lequel je m’écorche douloureusement les coudes et les genoux. Nathan ne s’en tire pas mieux que moi.

Je le vois grimacer, mais je n'entends pas ses cris de douleur. Je ne les entendrais pas même s'il hurlait à pleins poumons.

Et pour cause!

Le camion vient d'emboutir trois voitures stationnées le long du trottoir. Il les catapulte dans les vitrines des commerces avoisinants dans un crissement de pneus et de tôle froissée. Détachée de son tracteur routier sous la force de l'impact, la remorque poursuit sa course en direction de l'autre trottoir. Sa tête d'attelage pique dans le ciment, et la remorque semble se suspendre un instant dans les airs, ses roues tournant dans le vide.

Puis la masse de plusieurs tonnes va percuter de plein fouet la devanture du cinéma!

Toute la façade s'effondre : auvents, balcons, affiches, poteaux de soutien... On distingue même une partie de la billetterie avant que celle-ci disparaisse sous la remorque.

Une poussière de béton s'élève aussitôt, pareille à de la brume. Des pans de murs et des planches s'abattent avec fracas. Quand je pense que ma mère se plaint parfois du désordre dans ma chambre!

Enfin tiré de ma torpeur — et de ma stupeur —, c'est moi qui bondis le premier sur mes pieds pour aider Nathan à se relever.

— Merci, lui dis-je, les yeux mouillés de larmes. J'ai bien failli... Sans toi...

Je n'ai pas le temps de terminer ma phrase que je me sens heurté de nouveau.

Par Florence, cette fois. Encore sous le choc, muette mais soulagée, elle s'est jetée contre moi pour me serrer dans ses bras.

Le contact, dans les circonstances, m'embarrasse un peu. J'aimerais bien qu'on me laisse respirer.

— Le... le camion, marmonne-t-elle. Vous avez remarqué? Il n'avait pas de conducteur.

— Ses freins ont lâché, rétorque Nathan sans nous regarder et frottant d'une main son coude écorché. Il devait être stationné en haut de la pente et… et voilà…

Je ressens pour lui une vive gratitude. Il vient de me sauver d'une mort horrible. J'oublie mes propres éraflures pour lui enlacer les épaules, quand un bruit soudain me retient.

En fait, le bruit en question nous surprend tous les trois.

Nos regards se tournent vers l'extrémité de la rue d'où nous voyons surgir, moteur à plein régime, un gros quatre-quatre !

CHAPÍTRE 21
D'AUTRES HUMAÍNS !

Nous avons à peine le temps de sauter sur le trottoir que le quatre-quatre s'arrête à notre hauteur.

— Tabarnoir de tabourette! Des enfants! Il y a trois enfants, ici!

Un homme vient de sortir du véhicule par l'une des portières arrière. Il s'agit d'un gros moustachu à demi chauve, vêtu d'une chemise verte.

— Hé! on n'est plus des enfants, mais des ados! rouspète Florence.

Nathan et moi ressentons la même irritation. Les adultes ne comprendront donc jamais?

Derrière l'homme surgit une femme dans la quarantaine. Elle le rejoint dans la rue. La vitre du chauffeur s'abaisse. On découvre le visage d'un autre homme, celui-là dans la trentaine. Il a les cheveux ébouriffés, les yeux globuleux. Peut-être sont-ils plutôt arrondis par la surprise.

— Ah, ça, par exemple ! Ça, par exemple !

Celle qui s'étonne ainsi descend du côté passager à l'avant. Une autre femme. La trentaine aussi, peut-être un peu plus.

— Ah, ça, par exemple ! D'où sortez-vous, tous les trois ? On se croyait seuls au monde !
— Nous aussi, réplique Nathan Et vous ? Qui êtes-vous ?

Mon copain semble prendre beaucoup d'aplomb avec les adultes. Il en est presque impoli. Mais bon, vu l'ampleur des dangers auxquels nous avons échappé, on ne peut nous tenir rigueur d'être un peu agressifs.

Le moustachu ne semble pas se soucier de l'attitude de Nathan. Il répond en se grattant le crâne :
— Je suis le docteur Beaudoin. Voici Michèle, ma collaboratrice.

La femme dans la quarantaine nous sourit. C'est le chauffeur qui reprend :
— Moi, je m'appelle Carl. Heureux de vous rencontrer.

— Je suis Nathalie, se présente alors la femme dans la trentaine. Nous sommes vraiment surpris de vous voir.

— Surprise partagée, réplique notre copine. Je m'appelle Florence, et voici mes amis Olivier et Nathan.

Le docteur Beaudoin désigne du pouce les véhicules encastrés dans les murs des commerces. La poussière s'en dégage encore.

— C'est... euh... c'est vous qui vous êtes amusés à faire ce petit billard ?

Voilà que, à mon tour, je me sens bourru. Je répliquerais bien avec le mordant de Nathan, mais c'est trop éloigné de ma nature. N'empêche, je ne souris pas du tout lorsque je dis :

— Ça ne m'a vraiment pas amusé de me retrouver sur la trajectoire de ce monstre. Sans mon ami Nathan, je serais actuellement aussi aplati qu'un dessin de bédé.

Un grand frisson d'horreur est perceptible chez chacun des adultes. Le dénommé Carl lève le nez en direction du sommet de la pente.

CLUB p.144

— Le camion et son chargement devaient être stationnés là-haut… entame-t-il.

— ... et, avec le temps et la **gravité**, les freins auront lâché, achève Michèle.

— Voilà exactement notre conclusion, assène Nathan.

— Allez, allez ! Ne nous attardons pas ici, lance le docteur Beaudoin en désignant cette fois le quatre-quatre. Montez à bord avec nous, les enf... les grands. Nous avons repéré une meute de chiens, trois rues plus loin.

— Et il ne fait pas bon rester dans leur voisinage, conclut Nathalie en s'engouffrant dans le véhicule.

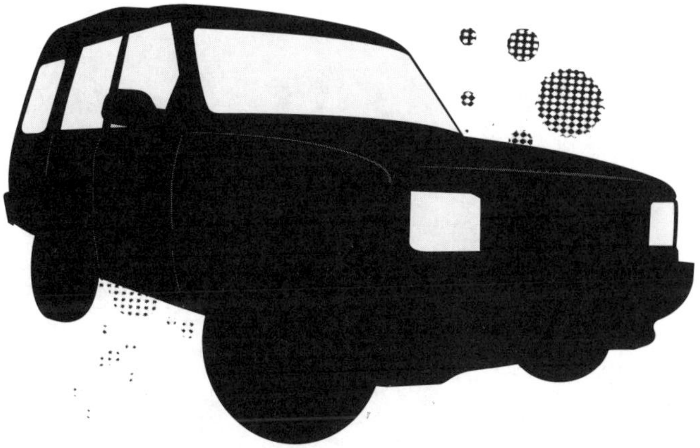

CHAPITRE 22
LES EXPLICATIONS

Pour notre deuxième nuit dans ce monde étrange, nous nous sommes regroupés dans le plus chic hôtel de la ville. Malgré la richesse de la suite que nous occupons, sans électricité, le lieu offre un aspect sinistre. Toutefois, les lourdes portes nous assurent de ne pas subir d'attaques, qu'elles viennent des chiens en meute, des rats ou même…

— Peut-être qu'il y a des loups-garous, finalement, murmure Florence en se blottissant contre moi.

Sans trop savoir si elle parle sérieusement, je réponds :

— Peut-être.

Mais je ne demande pas de précisions. Je veux qu'elle reste collée contre moi.

Autour d'un feu de camp que nous avons improvisé sur le large balcon de la suite royale, nous écoutons les explications du docteur Beaudoin.

— Ce qui s'est passé, tabourette, nul n'aurait pu le prévoir. Il y a trois semaines, une comète a plongé dans l’atmosphère de la Terre. Elle s’est répandue en millions de fragments qui sont tombés un peu partout sur tous les continents.

— Et cela a tué tout le monde ? demande Nathan.

— Non, à quelques exceptions près, les débris n’étaient pas assez gros pour faire beaucoup de dégâts, reprend le docteur Beaudoin. C’est plutôt ce que contenait la glace qui a posé problème.

Je suis étonné :

— La glace ?

CLUB p.146

— Oui, une **comète** est constituée principalement d’eau…

— ... et de poussières gelées... Nous le savons, dit Florence. Nous sommes membres d’un club de sciences.

Je ne la démens pas, mais, moi, j’ignorais les constituants d’une comète. Il n’y a vraiment que Florence, amatrice d’astronomie, pour connaître ces détails. Le docteur Beaudoin poursuit sans tenir compte de l’intervention.

— Or, dans cet astre-ci se cachait aussi une terrible tueuse.

CHAPITRE 23
LES EXPLICATIONS, SUITE

— Une tueuse ? lançons-nous en chœur, Florence, Nathan et moi.

CLUB p.148

— Une colonie de **virus** extraterrestres extrêmement virulents.

— Et… et cela a tué tout le monde ? répète Nathan.

Le cœur serré, je demande :

— Nos parents ? Nos amis ? Ils sont... morts...

— Je suis désolée, Olivier, répond Michèle. Oui, les virus ont dévasté la planète entière. Enfin... C’est ce que nous croyons. Nous n’en sommes pas tout à fait certains, car nous n’avons plus de moyens de communication. Il y a trois semaines, au début de l’hécatombe, tandis que téléphones et radios fonctionnaient toujours, nous avons tenté de toutes les manières d’entrer en contact avec d’éventuels survivants.

— Ça n’a rien donné, explique Carl en haussant les épaules. C’est pourquoi nous avons conclu que toute l’humanité y était passée.

— Mais nous pouvons nous tromper, reprend Michèle. Vous êtes la preuve qu’il est encore possible de retrouver d’autres personnes vivantes.

Et, comme pour aller à l'encontre de ce qu'elle vient de dire, Michèle ainsi que Nathalie et le docteur Beaudoin tournent des yeux humides vers les premières étoiles. Personne ne réplique. Chacun pense aux siens.

Moi, en tout cas. À mon père, à ma mère... Je prends tout à coup vraiment conscience de leur absence, de leur... disparition. Je sens ma gorge qui se serre. Je jette un rapide coup d'œil vers Nathan.

Saperloche ! Je le vois qui pleure !

— Deux jours après l'arrivée de la comète, continue tout à coup Michèle comme si ses explications l'aidaient à refouler son chagrin, tous les primates, c'est-à-dire les singes et les humains, sont morts. Nous avons assisté, impuissants, à leur anéantissement.

— L'une après l'autre, poursuit Nathalie, les radios, les chaînes de télé et les lignes téléphoniques se sont tues. C'était effrayant d'assister à la mort lente de notre univers familier. De plus, nous ne pouvions pas aller rejoindre nos proches sans risquer la mort, nous aussi.

— Mais où étiez-vous donc ? demande Florence.

Michèle retrouve son ton de professeur qui lui permet de se couper de ses émotions :

— Attends. Laisse-moi d'abord terminer mon explication. Les virus, comme cela arrive souvent, n'ont eu aucun effet sur la plupart des animaux. Ensuite, quand il n'est plus resté de primates, la souche virale a disparu d'elle-même.

— Le plus terrible, mais aussi le plus fascinant, ajoute Carl, est que le corps des personnes décédées s'est désintégré. Une semaine après la mort, il n'y avait plus que des vêtements à l'endroit où la personne était tombée.

— Nous ne comprenons pas cet effet, renchérit Nathalie. Ça reste un mystère pour nous qui sommes pourtant des bactériologistes.

— D'accord, dit Florence en revenant à l'attaque. Maintenant, comment est-il possible que vous et nous ayons survécu à cette terrible épidémie ?

Le docteur Beaudoin fait une moue, le regard fixé sur le feu de camp. Il répond :

— Deux hasards extraordinaires. D'abord, le vôtre : la fumée de l'expérience ratée de Nathan. D'après ce que tu nous as raconté plus tôt, j'en déduis que cette expérience a créé un nuage de soufre ou de quelque autre gaz. Sans doute cela a-t-il tué ou affaibli les virus que vous respiriez. Votre organisme a combattu le mal en tombant en léthargie. Sinon vous n'auriez pas survécu autant de jours sans manger ni boire.

— Et vous? questionne Nathan. Comment avez-vous échappé à la mort?

Le docteur Beaudoin prend une grande respiration avant de répondre, mais Michèle le devance :

— Nous avons été très chanceux, nous aussi. Nous sommes quatre collègues et nous faisions des expériences sur des maladies infectieuses dans la chambre hermétique de notre laboratoire de recherche avec quelques singes. Quand le virus a frappé, nous étions hors d'atteinte. Lorsque nous sommes sortis et que nous nous sommes rendu compte de ce qui se passait, nous étions encore revêtus de nos combinaisons étanches. Nous sommes alors retournés nous réfugier dans le local. Nos petits primates, heureusement, y étaient restés.

Pendant une bonne semaine, nous avons évalué la situation avant de nous décider à sortir en plein air.

— La faim nous y a poussés, dit Carl. Et puis l'électricité venait de flancher. Nous serions morts étouffés dans notre lieu fermé.

— Mais nous avons quand même pris soin d'envoyer d'abord les singes du laboratoire, précise Nathalie, histoire de nous assurer que le virus avait disparu. Quand on a vu que nos animaux survivaient, on est sortis.

Je m'exclame :

— A… alors, peut-être existe-t-il sur Terre d'autres personnes qui ont connu la même chance que nous ? Qui se sont trouvées isolées du nuage viral ? En Afrique, peut-être ? En Asie ? En...

Les quatre scientifiques se regardent, puis le docteur Beaudoin se tourne vers moi :

— Tu as tout à fait raison. Il reste encore au moins six personnes. Et leur situation est vraiment originale.

CHAPITRE 24
LES DERNIERS HUMAINS

— Et qui sont ces six autres personnes ? demande Nathan.

— Les astronautes de la station spatiale, répond Michèle.

Je suis horrifié :

— Ils sont prisonniers à jamais dans l'espace !

CLUB p.150

— Non, réplique Nathalie. Par la plus heureuse des coïncidences, la **navette** est là-haut. Ils vont l'utiliser pour revenir sur Terre.

— Comment savez-vous cela ? demande Florence.

La moustache du docteur Beaudoin frétille quand il répond :

— Parce que nous leur avons parlé, tabourette ! Nous avons utilisé la radio émettrice de l'université où nous travaillons. Ils étaient très excités d'apprendre qu'il restait encore des gens vivants après l'épidémie. Ils ont demandé à ce que nous venions les rejoindre au Texas. Ils vont y atterrir dans quelques jours.

— Nous étions à rassembler le matériel de survie pour entreprendre cette longue route lorsque nous vous

avons rencontrés dans la rue, affirme Carl.
— C'est vraiment inespéré, pas vrai ? ajoute Nathalie avec un clin d'œil. Maintenant, tous ensemble, nous…

Un hurlement lointain l'interrompt. Nous tournons tous la tête en direction des rues sombres en dessous de nous.
— Tabarnoir de chiens de tabourette de… !
— Ils sont revenus à l'état sauvage, dit Nathalie.
— C'est quand même un peu plus que ça, indique Carl.

Michèle poursuit :
— Le virus a tué les primates, c'est vrai, mais il a rendu les autres mammifères beaucoup plus agressifs.

Nous écoutons en silence les hurlements. Des meutes se répondent. Elles se mettent en chasse.

Je prends tout à coup conscience que Florence s'est de nouveau blottie contre moi. Elle semble le faire de plus en plus souvent.

Tout n'est pas que catastrophe dans cette histoire.

ÉPILOGUE
DANS LA VILLE IMMOBILE

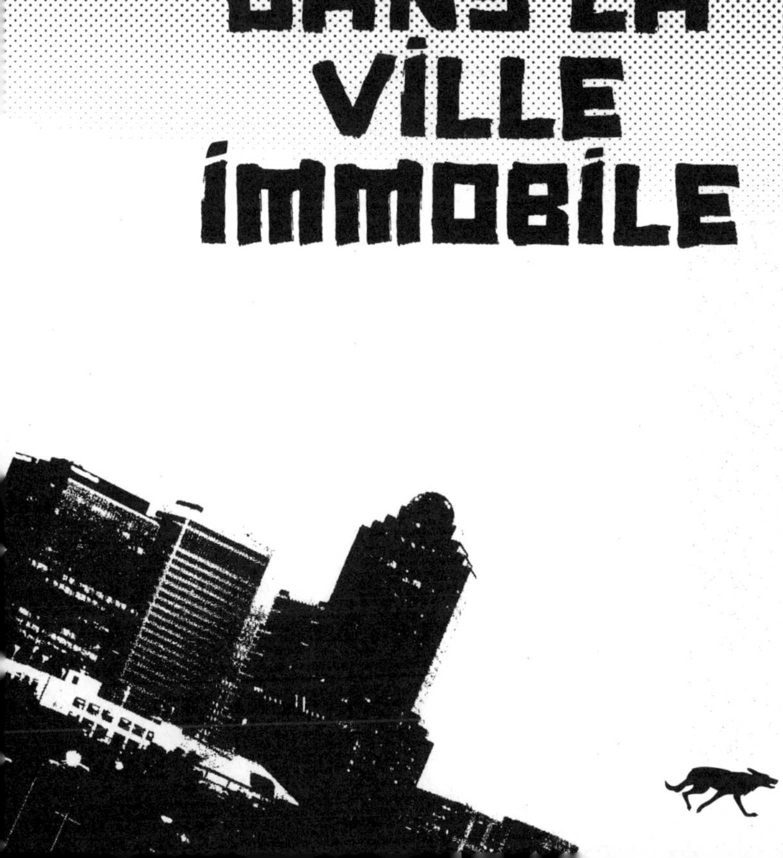

Je quitte mon gros lit douillet pour aller accueillir le soleil sur le balcon. Pour la première fois depuis trois jours, j'ai bien dormi. Enfin, relativement bien. Quand je parvenais à oublier un moment le décès de mes parents.

J'essaie d'imaginer leur mort dans la ville immobile en contrebas.

J'espère qu'ils n'ont pas souffert. J'espère qu'ils ne se sont pas fait trop de souci pour moi quand ils ont senti venir leur fin. Peut-être n'en ont-ils pas eu le temps. Je ressens une tristesse infinie. Ils me manquent beaucoup.

— Pareil pour moi, affirme Nathan lorsque je lui fais part de mes pensées.

Il vient de se lever et m'a retrouvé sur le balcon. Florence arrive tout de suite derrière.

— Moi aussi, approuve-t-elle.

On dirait qu'elle a répondu rapidement, sans trop

savoir de quoi nous avions parlé. Juste pour être d'accord avec nous.

Avec moi.

Je ne m'en plaindrai pas. En plus, elle semble vouloir conserver l'habitude de se blottir contre ma poitrine. C'est bon de respirer le parfum de ses cheveux.

Je suis content qu'elle soit là — que Nathan y soit aussi, bien sûr. Je suis surtout content de ne pas me retrouver seul pour affronter cet étrange avenir qui m'attend. Il y a quelques jours encore, tout paraissait simple : la fin de l'année scolaire, les vacances d'été, le baseball, puis de nouveau le retour en classe, les activités du club de sciences...

Maintenant, tout ce qui ne concerne pas la survie de tous les jours me semble parfaitement inutile.

Comme si elle pouvait deviner le trouble qui assaille mes pensées, Florence se blottit plus fort contre moi.

Bientôt, je me risquerai à l'embrasser. J'en ressens une grande envie. Je pense qu'elle se laissera faire. Qu'elle en a envie également.

Du moins, je l'espère.

On verra bien.

CLUB

CAPSULES SCIENCES

NATHAN
OLIVIER
FLORENCE

MÉLANGE EXPLOSIF

Deux ingrédients inoffensifs en eux-mêmes peuvent parfois donner d'étonnants résultats si on les combine. C'est le cas du vinaigre et du bicarbonate de soude qui ont une réaction explosive quand ils sont mélangés. On peut même fabriquer une petite fusée à l'aide de ces deux ingrédients qu'on retrouve dans presque toutes les cuisines.

Matériel nécessaire :

Petit contenant de plastique hermétique (les boîtes de films sont idéales, mais certaines boîtes de bonbons ou de gommes font aussi l'affaire)

Bicarbonate de soude

Vinaigre

Papier mouchoir

Étapes :

1. Mettre une cuillérée de vinaigre au fond du contenant.
2. Déposer un petit carré de papier mouchoir sur l'ouverture et l'enfoncer légèrement avec le pouce.
3. Ajouter quelques pincées de bicarbonate de soude. (La poudre ne doit pas entrer en contact avec le vinaigre.)
4. Refermer le couvercle pour que le contenant soit bien étanche.
5. Retourner le contenant et attendre quelques secondes.

Attention :

Il faut éviter de rester trop près de cette minifusée qui peut être projetée à 5 ou 6 mètres dans les airs.

Capsule rédigée par Nathan

LES GAZ

Certains gaz, inhalés en grande quantité, peuvent provoquer des évanouissements et même causer la mort. C'est le cas, notamment, du gaz naturel qui alimente certaines cuisinières et certains systèmes de chauffage. Comme ce gaz est inodore et incolore à l'état naturel, les fournisseurs doivent y ajouter un ingrédient qui lui donne une odeur particulière afin qu'il puisse être détecté en cas de fuite. Le monoxyde de carbone qui sort des pots d'échappement des voitures peut, lui aussi, engendrer des pertes de conscience, et même le décès, s'il est inhalé dans un espace mal aéré.

L'éther est la première substance chimique qui a servi à endormir les gens. L'éther a été utilisé pour anesthésier des patients pendant des opérations dès le XIXe siècle. En 1776, Joseph Priestley découvre le protoxyde d'azote. Il le baptise « gaz hilarant », à cause de la sensation de bien-être qu'il procure et des véritables fous rires qu'il provoque. En 1844, un dentiste, Horace Wells, réalise que ce gaz peut servir d'anesthésiant.

Aujourd'hui, de nombreux composés chimiques entrent dans la fabrication des produits anesthésiants.

Capsule rédigée par Olivier

LA POUSSIÈRE

La poussière est constituée de fibres et de débris fins. Elle contient aussi des pollens, des spores de champignons, de mousses et de fougères, ainsi que des poils et des cellules mortes de peau humaine.

La poussière est déplacée par les mouvements de l'air. Elle se soulève et se redépose quand nous marchons. Des scientifiques ont calculé qu'un grain de poussière demeurait en moyenne deux mois dans une maison avant d'en être chassé définitivement par l'aspirateur.

Une personne qui a une peur exagérée de la poussière est dite « amatophobe ».

Fait à noter : c'est la présence de poussière qui permet à l'eau de geler à 0 °C. En milieu stérile (sans poussière), l'eau ne gèle pas, même à -20 °C. Elle peut rester en équilibre jusqu'à ce qu'on y introduise une impureté ou un cristal de glace.

Capsule rédigée par Olivier

RAGOÛT DE BOULETTES EN BOÎTE

Ingrédients :

Boulettes de viande (porc, bœuf, émulsion de poulet, eau, oignons, isolat de protéine de soya, chapelure de blé grillée, sel, protéine de gluten de blé hydrolysée, épices) dans une sauce composée d'eau, amidon de maïs modifié, farine de maïs jaune, chapelure de blé grillée, sel, épices, pâte de tomate, protéine végétale hydrolysée (soya), oignons déshydratés, gomme (xanthane et guar), caramel, huile de soya, saveur, lécithine de soya, paprika.

L'isolat de protéine de soya est un additif alimentaire d'origine végétale. Il est utilisé pour renforcer la teneur en protéines de l'aliment, pour améliorer sa texture et pour augmenter la durée de conservation du produit.

La gomme est un produit servant de liant et d'épaississant dans l'industrie agroalimentaire. Elle remplace les œufs et la crème à un coût beaucoup plus bas. Le xanthane est une poudre blanche, inodore, incolore et sans saveur.
Il est utilisé pour ses propriétés épaississantes et gélifiantes afin de modifier la consistance des aliments. Cette poudre est obtenue par la fermentation d'une bactérie dans une substance riche en hydrocarbone, comme le glucose. Le guar est souvent ajouté au xanthane, car il améliore sa performance.

Capsule rédigée par Florence

LE LOUP-GAROU

Le mythe du loup-garou, ou lycanthrope, est répandu dans le monde entier. Le loup-garou est un être humain qui se transforme en loup. Il acquiert ainsi les caractéristiques de cette bête, comme la force, l'agilité, la ruse ainsi qu'une grande férocité. La transformation, qui arrive généralement durant une nuit de pleine lune, est causée par la morsure d'un loup ou d'un autre lycanthrope. Une malédiction ou un rituel volontaire peut aussi en être la cause. Le loup-garou erre alors en poussant des hurlements jusqu'au matin.

Selon les croyances françaises du Moyen-Âge et de la Renaissance, le loup-garou sous forme humaine n'a qu'à retourner sa peau pour se transformer en monstre. Pour le démasquer, on prétendait qu'il suffisait d'inciser la peau du suspect et de regarder si des poils s'y cachaient.

Capsule rédigée par Florence

LA CRÈME GLACÉE

C'est au XIIIe siècle que Marco Polo rapporte d'Extrême-Orient les premières recettes de crème glacée (ou plus simplement de « glace »). Toutefois, le premier mélange glacé de crème et de miel n'est apparu en France que 300 ans plus tard.

La crème glacée, contrairement à ce qu'on pourrait croire, n'est pas toujours composée de crème. On y trouve toutefois d'autres dérivés du lait auxquels on ajoute du sucre et des arômes. La préparation est refroidie en mouvement continu pour éviter la formation de gros cristaux. On y trouve aussi du sel qui fera descendre le point de congélation de la glace.

Au Japon, il existe un musée de la glace où les plus intrépides peuvent déguster de la crème glacée à la patate, à la crevette, au riz, au tofu ou, mieux encore… au serpent !

Capsule rédigée par Olivier

LES CHIENS

Le chien fait partie de la famille des canidés, dans laquelle on retrouve aussi le loup, le chacal, le renard et le coyote. Tous les chiens domestiques, du chihuahua au berger allemand, descendent du loup. Ils en ont gardé de nombreux comportements instinctifs.

Les loups ont été domestiqués par l'homme, il y a environ 12 000 ans. Nos ancêtres s'en servaient pour la chasse, comme bergers ou encore comme animaux de compagnie. C'est l'élevage sélectif qui a engendré les différentes races de chiens.

Les chiens ont une vue, une ouïe et un odorat très développés. Leur nez possède 40 fois plus de capteurs olfactifs que celui de l'être humain. Certains disent qu'ils peuvent détecter des odeurs jusqu'à un million de fois plus faibles. Les chiens sont capables de mémoriser les odeurs et de les reconnaître facilement par la suite.

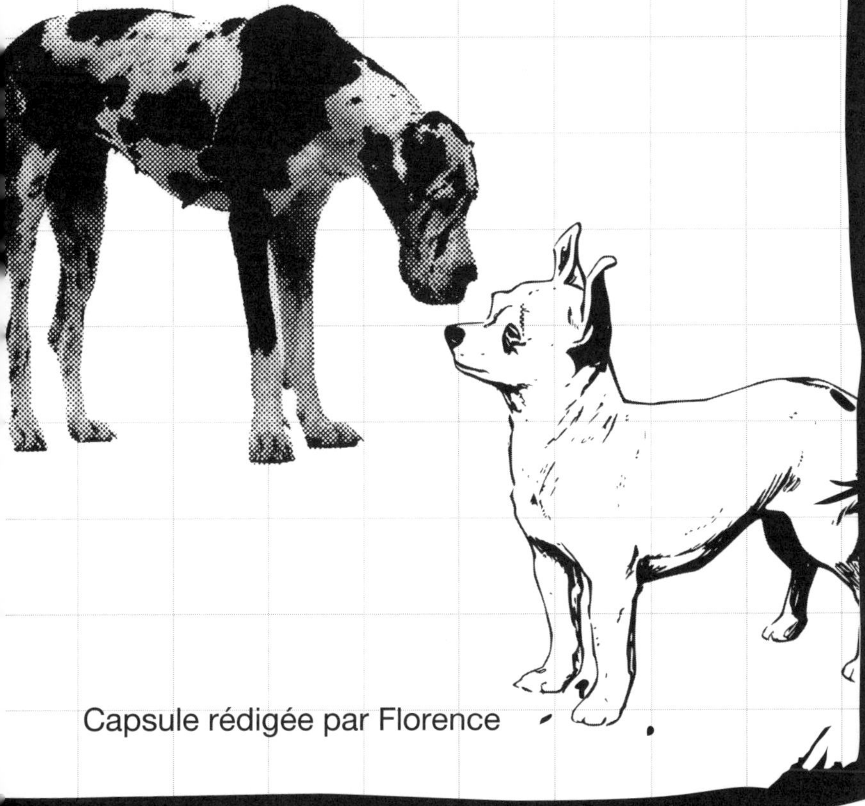

Capsule rédigée par Florence

LES MOUCHES ET LES ASTICOTS

Le nom scientifique de la mouche des fruits est drosophile (*Drosophilidae*). La femelle de ce minuscule insecte pond ses œufs sur les fruits presque mûrs. Vingt-quatre heures après, les œufs éclosent et donnent naissance à des larves d'un demi-millimètre de long, qu'on appelle des « asticots ». Ces petits vers blanchâtres se nourrissent des fruits, qui ont alors entamé leur processus de décomposition.

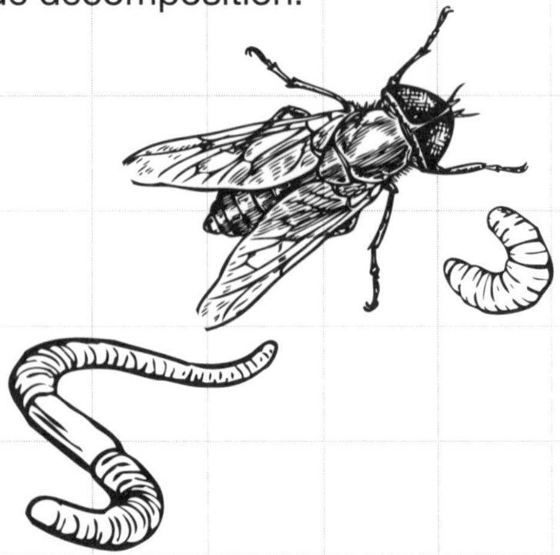

Les mouches domestiques (*Musca domestica*) préfèrent, quant à elles, pondre leurs œufs dans des matières organiques plus riches, telles que la viande, les cadavres ou les excréments. Les mouches absorbent leur nourriture à l'aide d'une trompe. Pour cette raison, elles ne peuvent se nourrir que d'aliments liquides. Elles salivent donc sur les matières qu'elles veulent manger, afin de les prédigérer. Elles vomissent souvent une partie de ce qu'elles ont avalé pour la réabsorber par la suite.

C'est de cette façon qu'elles propagent les maladies dont elles sont parfois porteuses.

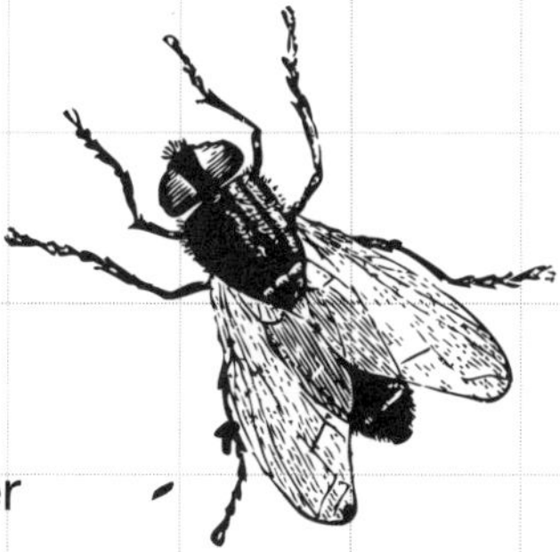

Capsule rédigée par Olivier

LES COQUERELLES

La coquerelle porte plusieurs noms : blatte, cafard, cancrelat ou ravet (aux Antilles).

Elle est apparue sur Terre il y a plus de 250 millions d'années.

Les coquerelles sont omnivores, c'est-à-dire qu'elles mangent de tout, même des détritus et des excréments. Elles sont surtout actives la nuit. C'est pour cette raison qu'elles sont parfois difficiles à repérer. De plus, leur ventre est muni d'un détecteur de vibrations, qui les prévient à la moindre menace.

Leurs pattes courtes et leur corps aplati leur permettent de se déplacer rapidement et de se cacher dans les plus petites fissures.

Les coquerelles sont difficiles à exterminer. Elles peuvent passer un mois sans manger et survivre une semaine sans tête.

Il en existe 4 000 espèces différentes réparties sur la planète. La plus grande d'entre elles vit en Australie. Elle peut mesurer jusqu'à 18 cm de long.

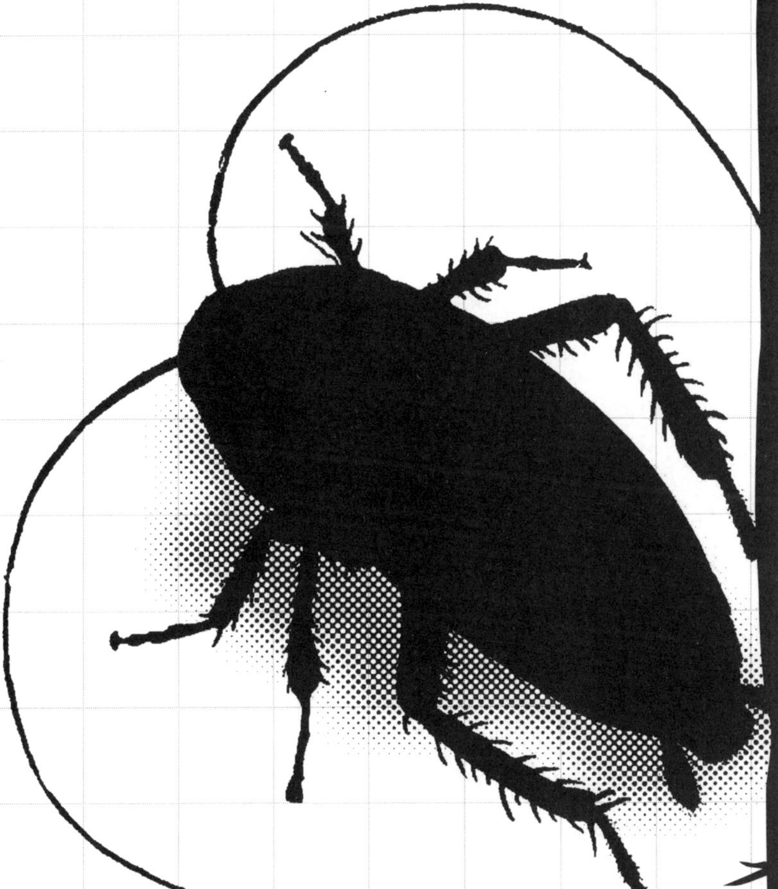

Capsule rédigée par Olivier

LE COMA

Le terme « coma » signifie « sommeil profond » en grec. Le coma est le signe d'un problème grave au cerveau. Une personne dans le coma est inconsciente. Ses fonctions vitales (respiration, circulation sanguine) sont plus ou moins bien conservées, selon le genre de coma dont elle est atteinte.

Stade 1 : Coma léger ou léthargie.

Le malade réagit à certaines stimulations. Il peut bouger les yeux, par exemple. Ses fonctions vitales sont maintenues.

Stade 2 : Coma modéré.

Le malade ne réagit que par des réflexes. Il peut, par exemple, retirer son bras si on le pince. Ses fonctions vitales demeurent en assez bonne condition.

Stade 3 : Coma profond.

Le malade ne réagit pas du tout. Il n'a plus de réflexes, pas même celui de respirer. Il doit être maintenu sous respirateur.

Stade 4 : Coma dépassé.

Mort cérébrale. Le cerveau n'a plus aucune activité.

Le coma peut durer de quelques heures à plusieurs années. Jan Grzebski, un employé de chemin de fer polonais, est resté dans le coma pendant 19 ans, après avoir été heurté par un train. Père de 4 enfants au moment de l'accident, il était grand-père de 11 petits-enfants lorsqu'il reprit conscience.

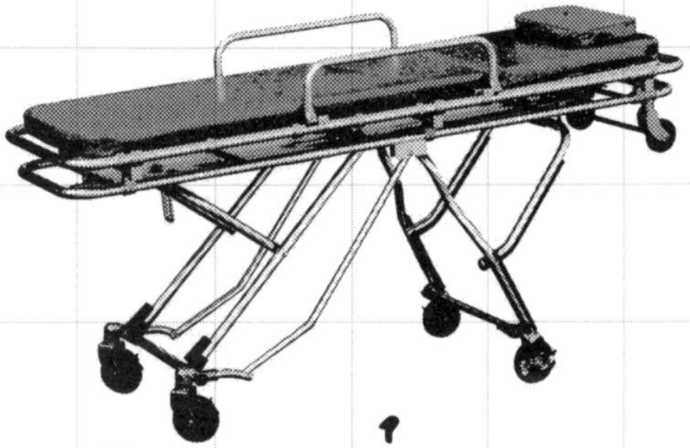

Capsule rédigée par Nathan

LES EXTINCTEURS

Un extincteur est un contenant renfermant de l'eau ou des produits chimiques. Il est conçu pour éteindre les petits incendies seulement.

Les feux sont classés par types de combustibles.

Classe A

Combustibles solides : papier, bois, rideaux et meubles rembourrés.

Classe B

Liquides inflammables : mazout, essence, peinture, graisse de cuisson, solvants.

Classe C

Équipement électrique : câblage, boîtes à fusibles, conducteurs et autres sources d'alimentation électrique.

Classe D

Métaux : aluminum, magnésium, titane, sodium.

Les extincteurs portent l’étiquette ABC, BC ou D. Ces lettres correspondent aux types de feux qu’ils peuvent combattre. Un extincteur à poudre polyvalente étiqueté ABC convient à la plupart des incendies qui prennent naissance dans une maison.

Mode d’emploi

1. Tirez la goupille.
2. Orientez l’extincteur vers la base du feu.
3. Appuyez sur la poignée pour déclencher le jet.
4. Arrosez le feu à sa base en faisant des mouvements latéraux jusqu’à ce que les flammes soient éteintes.

Capsule rédigée par Nathan

LES ÉCHELLES ESCAMOTABLES

Une échelle escamotable télescopique est une échelle rétractable dissimulée dans le plafond. Compacte et peu coûteuse, on l'utilise souvent pour accéder au grenier.

Les modèles typiques possèdent un cordon permettant d'étirer l'échelle pour y avoir accès. D'autres modèles sont munis d'un mécanisme fonctionnant à l'électricité.

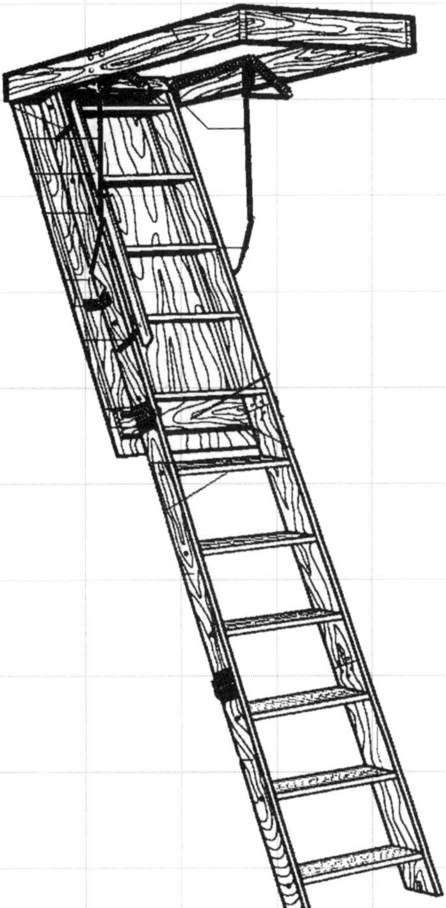

Capsule rédigée par Olivier

LE CANNIBALISME ET LA NÉCROPHAGIE

Le cannibalisme animal est une pratique consistant à manger une ou plusieurs parties d'un individu de la même espèce. De nombreux animaux l'exercent par nécessité ou par instinct.

Lorsque le cadavre n'a pas été tué par celui qui le mange ni par un de ses congénères, on parle de « nécrophagie ». Les nécrophages trouvent leurs proies déjà mortes, ou agonisantes. Pour une bête se nourrissant d'animaux morts, exclusivement ou partiellement, on parlera couramment de « charognards ». Les vautours et les hyènes en sont des exemples.

La nécrophagie ne concerne que la consommation d'êtres d'une autre espèce. Lorsque le cadavre est de la même espèce, on parlera plutôt d'une forme de « cannibalisme » animal.

Capsule rédigée par Florence

LES SATELLITES GÉOSTATIONNAIRES ET LES TÉLÉPHONES SATELLITAIRES

Les satellites tournent en orbite autour de la Terre.

La particularité des satellites géostationnaires est qu'ils exécutent leur trajectoire autour de la Terre exactement à la même vitesse que celle-ci tourne sur elle-même, c'est-à-dire à 3 km/s (environ 11 000 km/h). Pour ce faire, l'altitude du satellite au-dessus de l'équateur doit être de 35 786 km. Comme il garde toujours une position fixe par rapport à la planète, l'engin spatial semble immobile, d'où le qualificatif « géostationnaire ».

Cette caractéristique est particulièrement importante pour les satellites de télécommunications ou les transmetteurs des ondes de télévision. Leur position étant stable, il devient possible aux équipements de réception munis d'antennes fixes de capter leurs émissions.

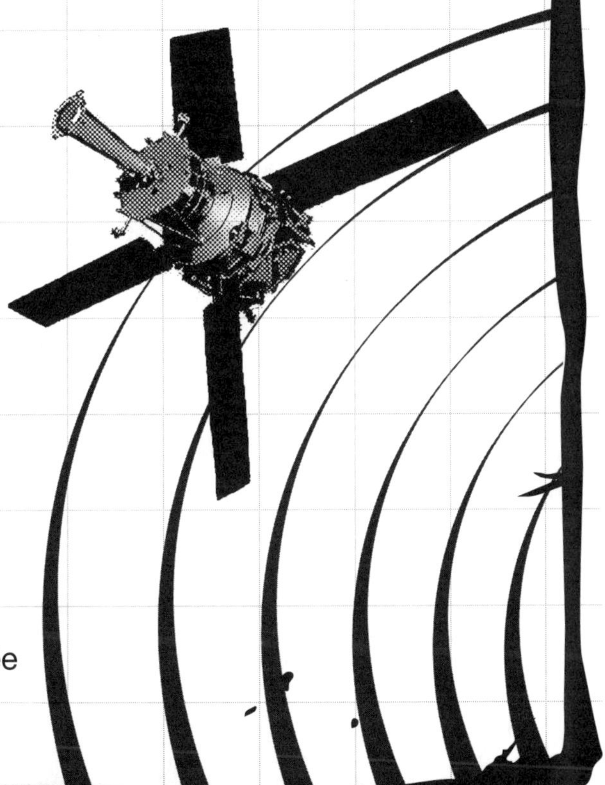

Capsule rédigée
par Nathan

LA GRAVITÉ TERRESTRE

La pesanteur, ou la gravité terrestre, est la force d'attraction à laquelle sont soumis tous les corps à proximité de la Terre. C'est cette force qui nous retient au sol et emprisonne l'atmosphère autour de la planète. C'est aussi à cause d'elle que les objets tombent au sol.

La pesanteur n'est pas exactement la même partout sur la Terre. Une variation de 0,05 % a été mesurée entre les pôles et l'équateur, mais ce n'est pas une différence suffisante pour être ressentie.

Puisque la Lune est plus petite que la Terre, la force d'attraction y est près de six fois moins importante. C'est donc dire qu'une personne pesant 60 kg sur la Terre ne pèserait plus que 10 kg sur la Lune.

Capsule rédigée par Nathan

LES COMÈTES

La comète est un astre constitué de glace et de roche. Elle reflète les rayons du Soleil lorsqu'elle passe à proximité et devient brillante. Elle est souvent accompagnée d'une longue traînée lumineuse qui s'étend dans la direction opposée au Soleil. Cette « queue » est composée d'un mélange de poussières et de gaz qui se réchauffent sous l'action des vents solaires.

Les comètes proviennent d'un immense halo entourant notre système solaire, qu'on appelle le « nuage de Oort ». Ce nuage d'astéroïdes est comme un réservoir contenant des milliards de noyaux cométaires. Parfois, l'un de ces noyaux se détache, fonce vers le soleil et devient une comète.

Les comètes ont des orbites très elliptiques. L'ellipse est la forme ovale du trajet qu'empruntent généralement les objets célestes. Les orbites des comètes sont le plus souvent cycliques, c'est-à-dire qu'elles reviennent dans le voisinage du Soleil de façon régulière et prévisible. Mais il arrive parfois que l'une d'elles quitte son orbite pour aller percuter une planète.

Les scientifiques estiment qu'environ 2 000 astéroïdes assez gros pour menacer la vie sur Terre croisent régulièrement notre orbite.

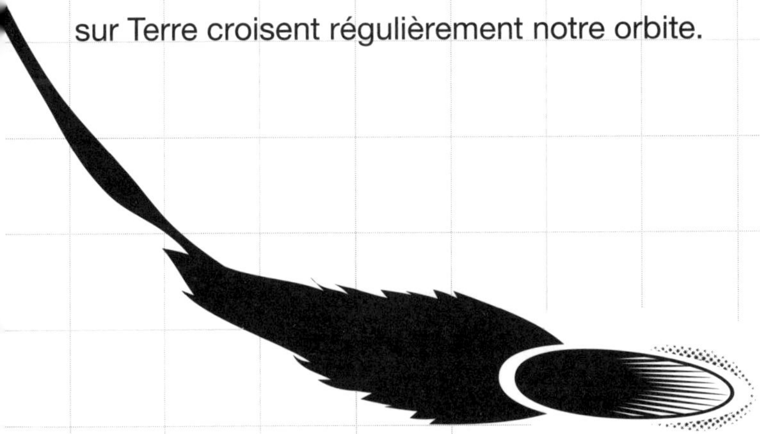

Capsule rédigée par Florence

LES VIRUS

Un virus est un micro-organisme qui vit aux dépens des cellules qu'il infecte. Contrairement à la bactérie, qui est un organisme vivant autonome, le virus est un parasite. Il utilise les constituants des cellules qu'il infecte pour fabriquer les protéines nécessaires à sa reproduction. La grippe et le rhume sont des infections dues aux virus. Il en existe de plus virulents, tels les virus du Nil, du sida ou de la grippe aviaire.

Le mot virus signifie « poison » en latin. La science qui les étudie est la virologie.

Il y a aussi ce qu'on appelle les « virus informatiques ». Ce ne sont pas des êtres vivants, bien sûr. Mais ils fonctionnent un peu de la même façon que les virus biologiques. Ces petits logiciels destructeurs s'infiltrent dans leur hôte pour se reproduire et se propager.

Leur véritable nom est CPA :

code parasite autopropageable.

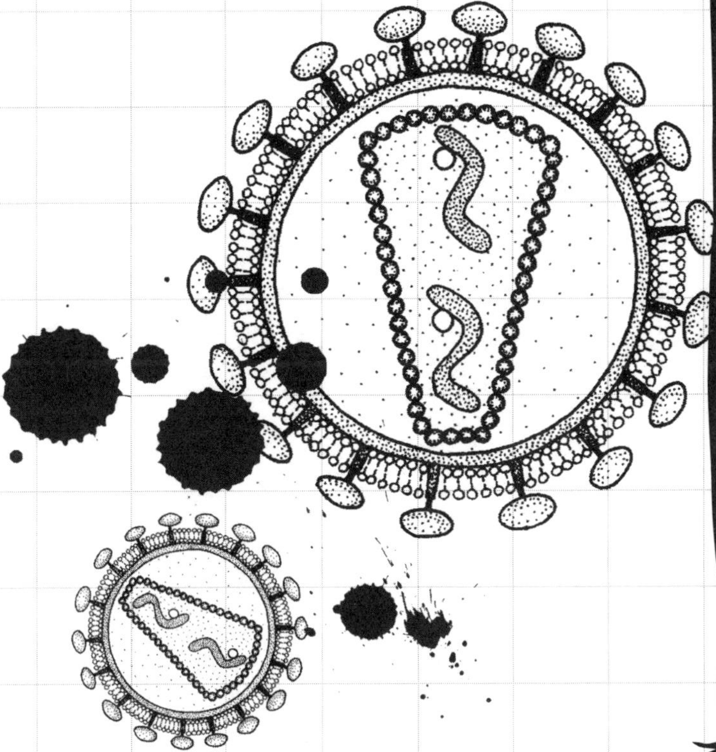

Capsule rédigée par Florence

LES NAVETTES ET LES STATIONS SPATIALES

Il existe deux sortes de fusées. La première, le modèle long et fuselé, destinée à envoyer des sondes ou des satellites dans l'espace, ne sert qu'une seule fois. La seconde, la navette spatiale, peut revenir sur Terre après sa mission. Elle est utilisée, entre autres, pour transporter les astronautes vers la Station spatiale internationale.

La première navette spatiale américaine a été lancée en 1981. Ce véhicule est composé de trois parties principales: l'orbiteur, dans lequel se trouvent les astronautes, les propulseurs et un réservoir de combustible liquide. Une fois le décollage effectué, le réservoir et les propulseurs se détachent de la navette. Ils retombent sur Terre et sont récupérés afin d'être réutilisés.

La Station spatiale internationale est une installation habitable en orbite autour de la Terre. Des astronautes et des scientifiques de différentes nationalités y travaillent en collaboration. Cette station orbitale ne peut pas revenir sur Terre. Sa capacité de déplacement est très limitée et lui permet seulement d'éviter les débris spatiaux.

Le record du temps le plus long passé dans l'espace est détenu par un Russe, Valeri Poliakov, qui est resté 14 mois à bord de la station spatiale *Mir*, de janvier 1994 à mars 1995. Cette station russe n'est plus en service aujourd'hui.

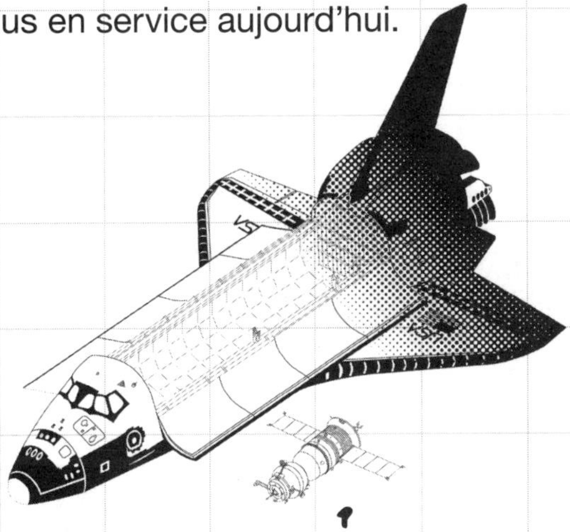

Capsule rédigée par Nathan